齐鲁文化基因解码利用工程

基于文旅融合视角下的探索与实践

Qilu Wenhua Jiyin Jiema Liyong Gongcheng

Jiyu Wenlü Ronghe Shijiaoxia De Tansuo Yu Shijian

迟钰争 时文雯 刘 珍 主编

北京·旅游教育出版社

图书在版编目（CIP）数据

齐鲁文化基因解码利用工程：基于文旅融合视角下的探索与实践 / 迟钰争, 时文雯, 刘珍主编. -- 北京：旅游教育出版社, 2024. 12. -- ISBN 978-7-5637-4808-2

Ⅰ．F592.752

中国国家版本馆CIP数据核字第20244DD715号

齐鲁文化基因解码利用工程——基于文旅融合视角下的探索与实践

迟钰争　时文雯　刘珍　主编

策　　划	安颖侠
责任编辑	安颖侠
出版单位	旅游教育出版社
地　　址	北京市朝阳区定福庄南里1号
邮　　编	100024
发行电话	（010）65778403　65728372　65767462（传真）
本社网址	www.tepcb.com
E - mail	tepfx@163.com
排版单位	北京旅教文化传播有限公司
印刷单位	唐山玺诚印务有限公司
经销单位	新华书店
开　　本	710毫米×1000毫米　1/16
印　　张	10.5
字　　数	129千字
版　　次	2024年12月第1版
印　　次	2024年12月第1次印刷
定　　价	68.00元

（图书如有装订差错请与发行部联系）

编委会

编 委:

王桂玲　杨裕曦　于　宁　陈　勇　张大千
周茜茜　刘九敏　郑　毅　刘力瑜　刘　晨
朱慧鑫

前　言

在文旅融合成为旅游政策大趋势的今天，学术界也在文旅融合方面贡献出自己的知识力量，提出了多种模式和路径。从最初的理论框架建构到政策研究，再到数字化与技术创新研究，文旅融合的研究领域不断拓展和深化。这些研究不仅为文旅融合提供了丰富的理论支持，还为实践操作提供了宝贵的指导。然而，从文化基因解码利用的角度探讨文旅融合开发和营销推广路径的研究相对较少。文化基因解码利用作为一种创新手段，能够深入挖掘和传承地方文化特色，通过数字化技术和现代传播手段，将文化资源转化为具有市场竞争力的文旅产品。齐鲁文化基因解码利用工程正是在这种背景下应运而生的，旨在通过系统化的文化基因解码和数据库建设，推动齐鲁文化资源的高效利用，提升文旅产业的吸引力和竞争力。山东省旅游推广中心负责该工程中的文旅融合实践部分，聚焦于从文旅融合的视角探索开发模式和营销推广策略，为本书的编写提供了坚实的基础和保障。

本书旨在通过深入挖掘和传承齐鲁文化的独特魅力，促进文化资源的有效转化与创新应用，进而推动文旅产业的高质量发展。具体而言，本书的核心研究问题包括：齐鲁文化基因的内涵及其价值，齐鲁文化基因促进文旅融合的应用路径，以及齐鲁文化基因解码利用的创新模式。本书希望通过系统化的理论分析和实证研究，为山东省文化旅游产业的高质量发展提供策略支持，为齐鲁文化的传承和弘扬提供新的思路和方法。

本书共分为八个部分，按照理论分析、工程实施、解码识别、数据库建设、转化利用、实施成效、问题分析和研究结论的逻辑顺序撰写。每一部分既独立成章，又相互关联，共同构成了对齐鲁文化基因解码和文旅融合的全面研究和实践探索。

第一章介绍了研究的缘起、背景、综述、目标与核心问题，以及研究的内容与逻辑，分析了文旅产业的发展现状和未来趋势，为全书的研究奠定了理论基础。

第二章详细介绍了齐鲁文化基因解码利用工程的实施背景与目标，以及工程的实施路径、项目团队及工作方法，为后续的齐鲁文化基因解码工作和转化利用工作奠定了方法基础。

第三章根据工程的相关规定，对齐鲁文化基因进行了解码。本章深入探讨了齐鲁文化基因形成的地理环境与历史源流，构建了齐鲁文化基因谱系图，并分析了齐鲁文化的历史地位及其现代价值。通过系统地解码与识别，本章为后续的文化基因数据库建设提供了科学依据。

第四章详细描述了"沿着黄河遇见海"文旅数据库的建设目标、方案及使用工作流程。通过数字化技术，本章展示了如何将丰富的文化资源转化为可检索、可利用的数据库，为文旅产业的高质量发展提供了数据支持。

第五章探讨的是齐鲁文化基因的转化利用。本章重点讨论了文化基因在新媒体宣传优化、文旅产品创新与创意营销中的应用。通过案例分析，展示了如何将文化基因库中的资源转化为高质量的内容和产品，提升文旅产业的吸引力和市场竞争力。

第六章总结了齐鲁文化基因解码利用工程在优化山东文旅新媒体矩阵、推动文化数字化保护等方面取得的显著成果，并且评估了相关数据，验证了文化基因解码利用对文旅产业高质量发展的实际贡献。

第七章深度剖析了齐鲁文化基因解码利用工程在文旅融合实践中面临的主要问题，包括文化基因数据库使用力度不足、文旅标识意识薄弱等，并为后续的改进提供了方向和建议。

第八章根据前期的工作经验和效果评估、问题分析，总结和综合分析了齐鲁文化基因解码利用的文旅融合模式，展望了齐鲁文化基因与旅游业深度融合的前景，提出了进一步深化齐鲁文化与现代旅游有机联系的策略和建议。

总体来讲，齐鲁文化基因解码利用工程不仅为山东省文旅产业的高质量发展提供了新的动力，也为全国其他地区的文旅融合提供了有益的借鉴。在未来，我们期望通过持续的创新和实践，进一步提升齐鲁文化基因解码利用的深度和广度，推动文旅产业的可持续发展。同时，我们也希望社会各界能够更加关注和支持此类项目的长远发展，共同为齐鲁文化的传承和弘扬、山东文化旅游的发展贡献力量。

目 录

第一章 绪论·· 1
  一、研究缘起·· 1
  二、研究背景：内外因素交织，机遇挑战并存······································ 2
  三、研究综述··· 13
  四、研究目标与核心问题·· 25
  五、研究的内容与逻辑··· 27

第二章 齐鲁文化基因解码利用工程概况·· 29
  一、齐鲁文化基因解码利用工程项目实施背景与目标···························· 29
  二、齐鲁文化基因解码利用工程的实施路径·· 35
  三、齐鲁文化基因解码利用工程的项目团队及工作方法························· 45

第三章 齐鲁文化基因的系统解码与识别·· 49
  一、齐鲁文化基因形成的地理环境与历史源流····································· 49
  二、齐鲁文化基因谱系图建构··· 61
  三、齐鲁文化的历史地位及其现代价值·· 67

第四章 文化基因数据库建设："沿着黄河遇见海"文旅数据库···················· 71
  一、"沿着黄河遇见海"文旅数据库建设目标······································· 71

二、"沿着黄河遇见海"文旅数据库建设方案 …………………… 73
　　三、"沿着黄河遇见海"文旅数据库使用工作流程 …………… 89

第五章 齐鲁文化基因的转化利用阶段 ………………………………… 95
　　一、新媒体宣传优化：文化基因库驱动高质量内容生产 ……… 95
　　二、文旅产品创新与创意营销："沿着黄河遇见海"打造独特体验 ‥ 107

第六章 齐鲁文化基因解码利用赋能文旅融合的实施成效 ………… 118
　　一、山东文旅新媒体矩阵的优化升级成果显著 ………………… 118
　　二、文化数字化保护推动旅游高质量发展成效突出 …………… 121

第七章 齐鲁文化基因解码利用工程在文旅融合实践中存在的问题 ……… 124
　　一、存在的问题 …………………………………………………… 124
　　二、解决的策略 …………………………………………………… 127

第八章 研究结论 ………………………………………………………… 132
　　一、齐鲁文化基因解码利用的文旅融合模式 …………………… 132
　　二、齐鲁文化基因与旅游业深度融合的未来展望 ……………… 135

参考文献 ………………………………………………………………… 138
附件一 文化和旅游图片视频库使用制度 …………………………… 144
附件二 文化和旅游图片视频库规范 ………………………………… 146

第一章 绪论

一、研究缘起

2009年,原文化部、国家旅游局发布的《关于促进文化与旅游结合发展的指导意见》提出"文化是旅游的灵魂,旅游是文化的重要载体"[①]之后,文化与旅游的融合已成为旅游行业的开发热点。近些年,随着中华人民共和国文化和旅游部正式挂牌成立、各类推动文旅融合的方针政策陆续出台,各地积极挖掘文化资源,开发形式多样的文化旅游产品。但是,文化旅游市场依然存在诸多问题,不少文化旅游景区遭遇游客的"吐槽",如产品同质化严重、缺乏地方文化特色、文化旅游商品性价比低等。不仅如此,不少学者也就文化旅游开发对本地文化可持续发展、当地民众文化权利保障等方面表达了担忧,如民俗学者程鹏发现遗产旅游中存在民俗叙事缺失和西方化、碎片化、世俗化的问题[②]。

那么,如何真正实现文化和旅游的深度融合,真正在旅游开发中实现经济效益与社会效益的双赢,保证文化旅游的文化内涵深度,保证旅游地文化的可持续发展和民众的合法文化权利,成为文旅融合绕不开的问题。在这一问题上,浙江省实施了浙江文化基因解码工程,给全国各地文旅工作作出了示范。山东省文化和旅游厅吸取浙江的成功经验,开展了齐鲁文化基因解码利用

[①] 中华人民共和国中央人民政府网.文化部国家旅游局关于促进文化与旅游结合发展的指导意见[EB/OL].(2009-09-15).https://www.gov.cn/zwgk/2009-09/15/content_1418269.htm.

[②] 程鹏.旅游民俗学视野下遗产旅游民俗叙事研究[J].云南师范大学学报(哲学社会科学版),2020(4):91-99.

工程。山东省旅游推广中心负责该项目中文旅融合的部分，致力于探索和实践数字化技术在基因解码及文化基因数据库建设中的应用，以及如何将基因解码的成果融入山东文旅的宣传推广和高端文旅产品的开发等领域，以促进"好客山东"文旅IP的转型升级，实现旅游发展与文化保护的双赢。本书旨在研究上述问题，探讨齐鲁文化基因解码利用工程的文旅探索与实践的过程、成就、问题，在此基础上提出相应的文旅融合视角的文化基因解码利用策略。

二、研究背景：内外因素交织，机遇挑战并存

为了全面理解文旅产业的发展现状和未来趋势，我们将研究背景分为两个主要部分：文旅产业外部环境和文旅融合格局变化。文旅产业的外部环境包括宏观经济形势、消费需求变化、技术进步和政策支持等多个方面。这些因素共同作用，影响着文旅产业的发展方向和速度。文旅融合格局变化反映了文旅产业在市场需求、技术进步和社会环境等因素的共同作用下，逐步从传统的观光旅游向深度文化体验旅游转变。这些都以文旅发展新态势的形式呈现，意味着文旅产业正经历着深刻的转型与升级，需要探索全新的文旅融合模式。

（一）文旅产业外部环境因素转变

1. 消费需求显著增长且多元化[①]

国民经济的发展以及居民消费水平的提高，是影响旅游产业高质量发展的基础性因素。自21世纪以来，我国GDP持续保持强劲增长态势，居民消费结构优化，对旅游娱乐等精神消费的需求猛涨。因此，消费者对于旅游产品和服务的需求发生了显著的变化，并呈现出多元化和个性化的特点。

2023年，国民生产总收入1 251 297亿元，国内生产总值1 260 582.1亿元。在三大产业中，旅游业所属的第三产业增加值超过第一产业、第二产业增加值的总和，达到54.6%。第三产业对GDP的贡献率为60.2%，远远超越第一产业、第二产业的贡献率。这表明随着经济的增长，人们对旅游的需求不断上升，推动了旅游市场的扩张和多样化需求的产生。

经历了三年新冠肺炎疫情的冲击后，旅游业面临着前所未有的挑战，但

[①] 本部分统计数据及统计图表均来自国家统计局年度数据报表［EB/OL］.（2024-11-20）.国家统计局网站.https://data.stats.gov.cn/easyquery.htm?cn=C01.

同时也孕育着新的机遇。三年疫情为旅游业发展带来了诸多不确定性，疫情期间，旅游业遭受的打击巨大。然而，进入后疫情时代后，国民旅游意愿并未消退，反而更加强烈，旅游业开始复苏，并逐步恢复到疫情前的水平（如图1-1所示）。2023年国内游客4891百万人次，国内旅游总花费49133.1亿元，远超2020—2022年的游客人次和旅游总花费（如表1-1所示）。这一现象反映了消费者在经历了长时间的旅行限制后，对于旅游体验的追求变得更加多样化，对个性化旅游的需求也更加旺盛。

表 1-1　国内游客及国内旅游总花费统计表（2019—2023 年）

指标	2019 年	2020 年	2021 年	2022 年	2023 年
国内游客（百万人次）	6006	2879	3246	2530	4891
城镇居民国内游客（百万人次）	4471	2065	2342	1928	3758
农村居民国内游客（百万人次）	1535	814	904	601	1133
国内旅游总花费（亿元）	57250.9	22286.3	29190.7	20444.0	49133.1
城镇居民国内旅游总花费（亿元）	47509.0	17966.5	23644.2	16881.3	41780.5
农村居民国内旅游总花费（亿元）	9741.9	4319.8	5546.6	3562.7	7352.6
国内旅游人均花费（元）	953.3	774.1	899.3	808.1	1004.6
城镇居民国内旅游人均花费（元）	1062.6	870.3	1009.6	875.6	1111.8
农村居民国内旅游人均花费（元）	634.7	530.5	613.0	592.8	649.0

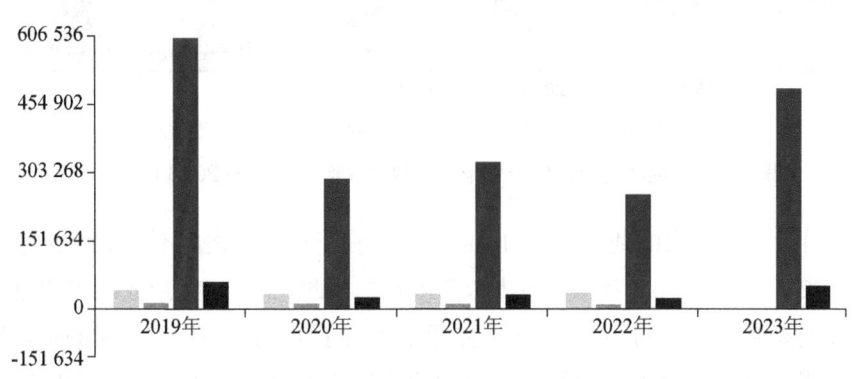

图 1-1　旅游业发展柱状图（2019—2023 年）

人均可支配收入的增长以及消费习惯的变化，是推动旅游消费需求多元化的重要因素之一。居民人均可支配收入39218元，较2022年增长6.1%。居民消费水平34964元，人均消费支出26796元，较2022年增长9.0%，其中与旅游业紧密相关的服务性消费支出、交通通信支出、教育文化娱乐支出较上年增长率最为突出，分别是14.4%、14.3%、17.6%。这些数据说明，随着收入的增长，人们愿意为更高品质的服务支付更多费用，这也促使旅游市场提供了更多元化的产品以满足不同消费者的需求。

教育水平的提升以及人口结构的变化进一步促进了旅游需求的多样化。我国本专科、研究生等高层次人才的毕业人数呈现逐年增长态势，人口教育层次逐步提高，国民文化素质显著提高，文化消费需求、意愿和能力较前代有着明显提升（如图1-2所示）。这意味着越来越多的消费者寻求将文化体验融入旅游之中，催生了文化主题旅游、研学旅行等多种新型旅游形式。

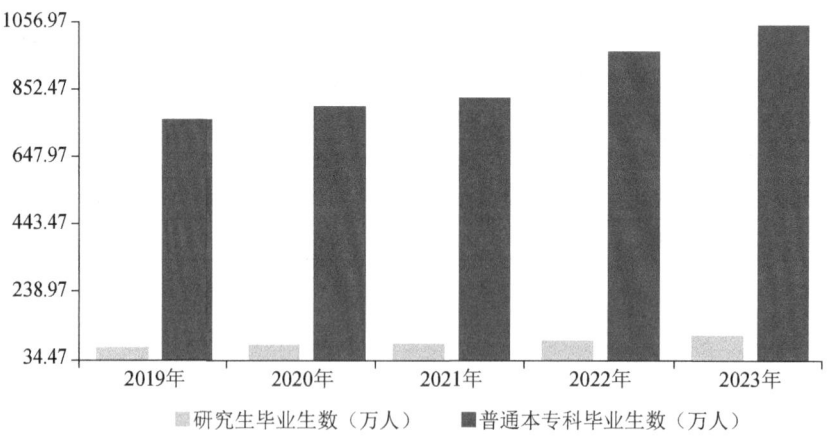

图1-2 普通本专科、研究生毕业人数柱状图（2019—2023年）

随着老龄化社会的到来，新的旅游模式正在形成，以适应不同年龄层的需求。2022年、2023年，我国出现人口负增长，与此同时，老龄人口逐年攀升，年度新增老龄人口超过1000万人（如图1-3所示），其经济条件和健康水平显著优于过往老龄客群。他们普遍对文化旅游抱有更大兴趣，具备开展深度游的条件，带来了银发旅游、康养旅游等全新旅游形式。因此，旅游行业需要不断创新，开发适合不同年龄段的产品，以满足日益多元化的旅游消费需求。

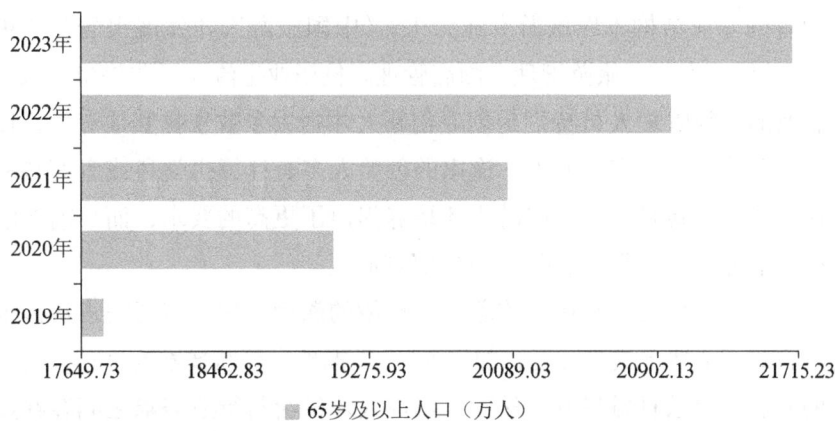

图 1-3　65 岁及以上人口统计图（2019—2023 年）

2. 人才需求专业化但供给错位

2023 年，后疫情时代的到来，中国旅游业也迎来了行业巨变。一方面，旅游业复苏、国民旅游意愿高涨，如"淄博烧烤""哈尔滨旅游""天水麻辣烫""特种兵旅游"等现象级网红旅行层出不穷，激发了全行业创新的信心和决心，也吸引了更多资本和从业者涌入①。另一方面，5G+、虚拟现实、大数据等高新技术在旅游产业的应用，以及政府对旅游业高质量发展的要求。这些都迫切要求旅游从业者的专业素质提高和人才结构优化升级。

中国旅游研究院发布的《中国旅游人才发展报告（1949—2021）》表明，我国旅游人才培养是紧贴旅游业发展需要的，是适应时代发展要求的，但自进入大众旅游时代以来，人才紧缺、供需错位等始终是行业的攻关课题。现如今，旅游业处于高质量发展的战略机遇期，人才的有效补给尤显重要，如何实现更是政府、企业、组织机构和院校关注的重点和亟待解决的主要问题。②

当前人才供给存在的问题主要集中在人才学历层次低、专业结构混乱、高新技术人才缺失、新媒体营销人才断层等问题。相关数据统计表明，当前旅游人才学历中本科以上学历仅占旅游从业者的 1/4，旅游管理等相关专业的人才严重不足。这一问题带来的是旅游行业的创新迭代能力受限。目前，旅

---

① 刘源，毛润泽.未来 5 年旅游人才的需求方向［J］.成才与就业，2024（4）.
② 马晓芬，戴斌.旅游人才高质量培养的新时代课题［J］.旅游学刊，2022（8）.

游从业者的专业结构不以旅游专业为主。《中国旅游人才发展报告（1949—2021）》的研究表明，旅游管理、酒店管理高校毕业生流向了非旅游领域，而旅游企业的高级管理人员特别是创业创新人才则大多数来自其他专业，比如携程、去哪儿、马蜂窝、七天、途家的创始人多有计算机学科或者商科的背景。这意味着，新时代对于旅游人才培养提出了更高的要求，而目前旅游人才供给与旅游人才需求存在着严重的错位问题。

文旅行业在后疫情时代面临着外部环境的深刻变化，市场需求从传统观光向体验式、个性化旅游转变，加之5G、虚拟现实等新技术的推动，行业对人才的专业化要求日益提升。然而，当前人才供给与行业需求之间存在显著错位，这不仅体现在学历与专业技能上，还表现在高新技术应用及新媒体营销等方面的人才缺口，这些问题成为制约文旅业高质量发展的关键外部因素。

3. 数字化技术应用日趋广泛

随着互联网、大数据、云计算、人工智能等技术的快速发展，数字化转型已成为各行各业的普遍趋势。根据中国互联网信息中心（CNNIC）发布的第54次《中国互联网络发展状况统计报告》（以下简称《报告》），截至2024年6月，我国网民规模近11亿人（10.9967亿人），互联网普及率达78.0%。

2023年，文化和旅游部持续推进实施国家文化数字化战略，与国家网信办共同举办第六届数字中国建设峰会数字文化分论坛，发布2023年文化和旅游数字化创新示范案例44个。预计未来几年，随着5G商用化进程加快，物联网、虚拟现实（VR）、增强现实（AR）等新技术将进一步融入日常生活，推动经济社会向更高层次的数字化转型迈进。同时，数字经济将成为中国经济增长的新引擎。

在此时代背景下，中国文旅市场正经历着从传统的观光旅游向深度文化体验旅游的转变。数字化技术的应用不仅提升了旅游服务质量，还促进了新业务模式的创新。旅游数字化是指利用数字技术推动旅游业的创新与发展，实现旅游业的信息化、智能化和实时化。这一过程涉及多个方面，包括信息数字化、服务数字化以及景区数字化等。① 例如，同程旅行与地方政府合作

---

① 张群鹤.北京市房山区乡村数字化发展研究：以房山区智慧采摘园为例［D］.呼和浩特：内蒙古财经大学，2024.

推出的数字旅游联名卡，通过整合线上线下资源，为用户提供一站式旅游解决方案。又如，海昌海洋公园等旅游景点通过实施 IP 战略，增强了品牌的吸引力。

2023 年暑期期间，国内旅游人数达到了 18.54 亿人次，显示出文旅市场强劲的复苏态势。在这背后，数字化基础设施的改善起到了关键作用。2020年，文化和旅游部等十部门联合出台《关于深化"互联网＋旅游"推动旅游业高质量发展的意见》，强调要坚定不移建设网络强国、数字中国，持续深化"互联网＋旅游"。

2023 年，工业和信息化部、文化和旅游部联合出台《关于加强 5G＋智慧旅游协同创新发展的通知》，推动 5G 在旅游业的创新应用。各地政府也纷纷出台相应政策措施，如北京市提出建设"数字北京"，推动文化旅游业与其他产业融合发展；浙江省则致力于打造"诗画浙江"品牌，利用数字技术提升乡村旅游品质。

据艾瑞咨询预测，到 2025 年，中国智慧旅游市场规模将达到 3000 亿元人民币，复合年增长率约为 15%。

中国数字化技术应用的普及和高新科技的迅猛进步为文旅产业的发展提供了坚实的基础，而政府的政策支持则为行业创新提供了良好的外部环境。随着技术的不断进步和应用场景的拓展，未来文旅市场的数字化发展将更加丰富多彩，为消费者带来更加便捷、个性化的旅游体验。

4. 文旅融合政策导向明确

自 2009 年以来，从国家层面到地方政府，一系列促进文化和旅游融合发展的政策措施相继出台，不仅体现了国家对文旅产业的高度重视，还为文旅行业的持续健康发展指明了方向。2009 年 8 月，原文化部、原国家旅游局发布了《关于促进文化与旅游结合发展的指导意见》，成为推进文旅融合发展的标志性政策文件，文件中提出"文化是旅游的灵魂，旅游是文化的重要载体"[1]。文化和旅游融合开始成为各方关注的热点。截至 2011 年底，全国共有 30 个省区市将旅游业定位为支柱产业、主导产业、先导产业或龙头产业，其

---

[1] 中华人民共和国中央人民政府网.文化部国家旅游局关于促进文化与旅游结合发展的指导意见［EB/OL］.（2009-09-15）.https://www.gov.cn/zwgk/2009-09/15/content_1418269.htm.

中13个省区将之定位为战略性支柱产业，并出台各类措施保障旅游业发展。如云南省将旅游业列为四大支柱性产业之一，致力于打造世界级旅游目的地；四川省将旅游业作为重要的支柱产业，推动文化旅游融合发展；山东省出台《山东省旅游公共服务设施规划建设标准》，完善旅游服务体系，引导休闲旅游提升。这些省市的政策方针不乏推动文旅融合的战略性意见或者实施指导。2018年，文化和旅游部正式挂牌成立，标志着文旅深度融合、协同发展的时代到来了。机构改革后，文化部门和旅游部门强强联合可以带来积极效应，比如文化发展政策和旅游发展政策、文化用地政策和旅游用地政策等的叠加，文化市场执法和旅游市场监管的整合等，可提升幸福产业的覆盖面，有力推进文旅融合发展。[①]

2021年，文旅部出台《"十四五"文化和旅游发展规划》，旨在指导中国文化和旅游系统在2021年至2025年的发展，提出要深化供给侧结构性改革，完善现代文化和旅游市场体系，推动文化和旅游业的高质量发展。2023年，文化和旅游部正式印发《关于推动非物质文化遗产与旅游深度融合发展的通知》，深入落实文化和旅游发展的规划，"推动非物质文化遗产与旅游在更广范围、更深层次、更高水平上融合，让旅游成为弘扬中华优秀传统文化、不断铸牢中华民族共同体意识、促进人的全面发展、服务人民高品质生活的重要载体"[②]。2024年4月23日，习近平总书记在新时代推动西部大开发座谈会上强调"把旅游等服务业打造成区域支柱产业"。[③]

山东省紧随国家文旅融合发展规划的要求，自2018年文旅部成立后，山东省也挂牌成立了文化和旅游厅，探索文旅融合路径。"十三五"期间，山东出台了一系列重要文件，推动文化与旅游的深度融合。其中，《山东省文化旅游融合发展规划（2020—2025年）》是这一时期的标志性文件，重点提出了建设精品旅游路线、推广文化旅游产品、提高文化遗产利用率的战略要求。

[①] 翟燕霞，石培华. 文旅融合政策结构体系、演进规律及话语生成机制：基于1993—2024年政策文本的扎根分析[J]. 云南民族大学学报（哲学社会科学版），2024（5）：45-53.

[②] 文化和旅游部印发《关于推动非物质文化遗产与旅游深度融合发展的通知[EB/OL].（2023-02-22）. 央广网. http://news.cnr.cn/native/gd/20230222/t20230222_526161203.shtml.

[③] 四川日报. 共谋把旅游业打造成区域支柱产业[EB/OL].（2024-05-10）. 人民网. http://sc.people.com.cn/n2/2024/0510/c345167-40838377.html.

2023年4月3日，山东省委、省政府印发了《关于促进文旅深度融合推动旅游业高质量发展的意见》（以下简称《意见》）。《意见》设定，到2025年，山东省将率先实现文旅行业从全面复苏向高质量发展跃升的目标，并提出到2027年基本建成文化旅游强省，力争旅游总收入达到1.3万亿元人民币的大目标。同时，《意见》强调文化和旅游资源的整合与创新，推动数字化转型，鼓励开发具有地方特色和文化内涵的旅游产品和服务，提升旅游的文化附加值。

政策导向对于促进文化和旅游的深度融合发展起到了至关重要的作用。从2009年的《关于促进文化与旅游结合发展的指导意见》到2023年的《关于推动非物质文化遗产与旅游深度融合发展的通知》，再到山东省的具体实践，可以看出，政策的引导和支持是推动文旅融合发展的关键因素之一。

5. 基础设施不断完善

交通、住宿、餐饮及娱乐等领域的基础设施建设，构成了旅游业发展的基石，对于促进旅游市场的繁荣、提升旅游体验质量具有至关重要的意义。近年来，我国在这些领域取得了显著成就，为旅游业的高质量发展提供了坚实保障。

交通基础设施是连接旅游资源与客源地的关键纽带。我国交通基础设施建设呈现出迅猛发展的态势，特别是铁路与公路网络的完善和扩展，极大地提升了旅行的便捷性与效率。截至2023年，全国公路里程达到543.70万公里，其中高速公路为18.40万公里，构建了一个四通八达的公路网，这不仅缩短了城市间的时空距离，还为自驾游等新兴旅游形式的发展创造了条件。同时，铁路运输能力得到了显著增强。铁路营运里程达到15.90万公里，高铁运营里程突破4万公里，成为世界上最大的高速铁路网络之一。此外，多个重要城市的国际机场和支线机场相继建成或扩建，进一步完善了空中交通体系，增强了国际国内旅客的可访问性。在市内交通方面，城市轨道交通系统的快速发展，如地铁网络的不断延伸，不仅缓解了城市交通压力，还为游客提供了更加高效、环保的出行方式。大城市中较为成熟的地铁网络，使得游客能够轻松抵达主要景点和商业区，极大提升了旅游活动的便利性和吸引力。

各级政府积极推进旅游配套设施的建设，包括酒店、餐饮、娱乐、购物等服务设施。许多旅游景区和城市周边建设了高标准的旅游服务区，配备了完善的停车、休息、餐饮等设施，提升了游客的舒适度和满意度。根据文化和旅游部的统计数据，2023年末，全国共有旅行社56275家。根据旅行社填报系统数据，全年全国旅行社营业收入4442.7亿元，营业利润37.4亿元。2023年末，全国共有8253家星级饭店。根据全国旅游监管服务平台数据，全年星级饭店营业收入1609.0亿元，平均房价370.8元/间夜，平均出租率50.7%。2023年末，全国共有A级旅游景区15721个，直接从业人员160.7万人。全年接待游客57.5亿人次，实现旅游收入4068.7亿元。①这些数据表明，基础设施建设在提高旅游服务质量、带动相关产业经济发展等方面，形成了良性的经济效益和社会效应。

6. 信息资源丰富且新媒体影响力增强

近些年，随着我国信息通信基础设施建设的不断完善，尤其是移动通信端的广泛普及以及5G通信的大规模推广，新媒体用户数量呈现出爆发式增长，用户互动数据显著增加，而且用户年龄结构日益优化。这一趋势不仅反映了数字信息基础设施的稳固发展和数字惠民服务的有效实施，同时也为旅游业的数字化转型提供了强有力的支持。

根据中国互联网信息中心（CNNIC）发布的第54次《中国互联网络发展状况统计报告》，2023年中国网民规模达到了9.8亿人，较上一年增加了742万人。报告指出，数字信息基础设施稳固和数字惠民服务开展，推动了网民规模增长，这主要体现了两大特征。一是青少年和"银发族"是新增网民重要来源。数据显示，我国新增网民742万人，以10~19岁青少年和"银发族"为主。其中，青少年占新增网民的49.0%，50~59岁、60岁及以上群体分别占新增网民的15.2%和20.8%。二是短视频成为新增网民"触网"的重要应用。在新增网民中，娱乐社交需求最能激发网民上网，在该群体首次使用的互联网应用中，短视频应用占比达37.3%。移动互联网用户规模持续增长，年龄结构向老年人和青少年拓展，为旅游业数字化转型、"互联网+旅游"发展提供了坚实的用户基础。越来越多的年轻人和老年人开始利用手机应用程序规划旅行路线、预订酒店、查找旅游攻略，甚至通过直播分享自己的旅行

---

① 中华人民共和国文化和旅游部.中华人民共和国文化和旅游部2023年文化和旅游发展统计公报[EB/OL].（2024-08-30），https://zwgk.mct.gov.cn/zfxxgkml/tjxx/202408/t20240830_954981.html.

经历。这种变化促使旅游企业加大在线营销力度，开发更多适合不同年龄层的旅游产品和服务，从而更好地满足市场需求。

新媒体用户激增带来的显著影响使新媒体影响力增强，而直播、短视频、图文等网民喜闻乐见的方式促进了现象级"网红"的诞生。政务新媒体账号和企业新媒体账号借助新媒体营销的东风实现了流量化，孵化出数以万计的营销账号。例如，贵州榕江县成功孵化了1.2万余个新媒体账号，并培育了2200余个网络直播营销团队。这一举措为该县带来了海量网络曝光，特别是在"村超"足球赛期间，通过新媒体的传播，使这一地方赛事获得了全国乃至国际的关注，极大地提升了当地的文化软实力和旅游吸引力。

（二）文旅融合格局变化

文旅外部环境因素的变化显著影响着文旅融合格局的演变。三年疫情带来更多经济的不确定性，如游客消费需求增长但消费能力下降，消费者更倾向于性价比高、个性化的旅游产品等。在社会环境方面，城市化进程加速和人们对健康生活的追求推动了城市大休闲和乡村微度假的兴起，强调安全、便捷、短途的旅游方式。技术进步，特别是数字技术的应用，促进了供需两端的高效匹配，使面向特定需求的旅游产品更加火爆。然而，全球经济不确定性增加了旅游投资的风险，导致资本市场的信心不足，旅游投资全面下降，限制了行业的长远发展。这些外部因素共同作用，促使文旅行业不断调整策略，以适应新的市场环境。

1. 旅游出行方式的多样化

后疫情时代，国内旅游人数显著增加且需求多元化，但是旅游收入的增长尚未达到疫情之前的水平，呈现出"旺丁不旺财"的特点。这种现象背后反映出消费者在旅游支出上的谨慎态度，特别是在经历了经济不确定性之后，更多的游客倾向于选择成本更低、性价比更高的旅游方式。这不仅影响了高端旅游产品的销售，还迫使旅游企业和目的地管理者重新审视其商业模式，转向提供更多经济实惠且具有吸引力的旅游选项，以适应市场的新需求。

疫情期间，受防控政策的影响，近郊旅行、短途旅游、乡村旅游逐渐受到游客的热捧和关注。后疫情时代，短途旅游、乡村微旅游持续升温。中国法定节假日以三天假期模式为主，如中秋节、端午节、清明节、元旦等节日，游客往往选择更近的旅游目的地。根据途牛旅游网发布的《2024端午出游趋势预测》数据，2024年端午假期，2天或3天行程的短途周边游更受游客青睐，出游人次占比分别为29%和33%。在短途旅游中，自由行、自驾游的游客占比逐渐增加，并且成为周边游、短途游市场主流。除了乡村微度假、短途游，县域旅游逐渐成为游客热捧的对象，根据途牛旅游网的数据，2024年端午节期间，安吉、德清、桐庐、婺源、平潭、溧阳、霞浦、淳安、宜兴、阿勒泰等县域目的地的预订火爆。

2.旅游投资市场的转变

2024年，清华大学五道口金融学院文创金融研究中心发布了《2023年文化和旅游产业投融资报告》，该报告陈述了文化和旅游业国内融资情况。第一，2023年文化和旅游产业在国内直接融资的活跃度下滑，主要受两方面影响：一方面受到新冠肺炎疫情影响，文化和旅游市场情况有所恶化，2023年初国内主要资本市场在投资策略上对文化和旅游类项目或企业的投资偏谨慎；另一方面，国内直接融资市场整体偏冷。[①] 第二，2023年资金主要流向了文化产业数字化的领域，"科技+旅游""互联网+旅游"的投资增多。第三，A股文化和旅游企业的融资虽然经营情况显示良好，但是投资偏于谨慎，与资本市场的对接不足，二级市场估值与价值创造存在背离。总体来说，后疫情时代，文旅消费市场的复苏未能有效进一步拉动投资，而市场主体的投资信心不足和外部融资环境不佳是两个主要原因。

总体来看，经过一年的经济提振，我国文旅产业呈现出全新的发展态势。首先是传统与新兴的更替，传统文旅资源的开发接近极限，其市场影响力逐渐减弱，而新兴产业形态不断涌现，跨界合作成为常态，产业机构频繁更新换代。其次是投资与市场的转变，投资方向超越了传统的文旅界限，向多领域扩展，同时，资金和土地作为最重要的生产要素，在文旅产业中的重要性尤为显著，尤其在重点经济区域如京津冀、长三角等地表现得更为明显。还有区位与城市的影响，交通便捷性和区位优势的重新整合对文旅产业发展具有重要影响，城市集群效应日益凸显，促进了群体性发展的领先地位。

---

① 文创金融研究团队.2023年文化和旅游产业投融资报告［EB/OL］.（2024-05-15）.https：//www.pbcsf.tsinghua.edu.cn/info/1510/8707.htm.

这些全新的发展态势意味着，以往的文旅融合路径、文旅营销模式已经无法满足文旅新业态、新常态的发展要求，必然要探索更具有吸引力、更具有文化内涵、更多样化的文旅品牌。正是基于此背景，齐鲁文化基因解码利用工程启动，其研究目标是依托齐鲁优秀传统文化、革命文化、社会主义先进文化资源，深入挖掘齐鲁文化丰富内涵，定义文旅深度融合视角下齐鲁文化的独特价值，抓住其中最具代表性、最核心的文化要素，精准精确地进行文化基因解码、精细精致地对标融合需求，以齐鲁文化基因塑造文旅IP，以文旅IP打造融合产品，以产品创新推动文旅产业高质量发展，形成以解码齐鲁文化基因为起点的文旅融合闭环。

三、研究综述

（一）文化基因概念界定及其相关研究

文化基因是将生物基因的概念类比借用于文化传承现象的解释中而形成的概念。1976年，理查德·道金斯（Richard Dawkins）在《自私的基因》一书中提出了"meme"，以形容文化中也有类似生物基因复制的现象。20世纪80年代，此书传入中国，"meme"被翻译成"文化基因"。因此，中文语境的"文化基因"拥有了"meme"的含义。道金斯认为文化基因是与生物遗传基因相类似的概念，文化的传承与生物进化相同，共同遵循着遗传、选择等规律；而人便是"meme"的载体。[①]苏珊·布莱克摩尔（Susan Blackmore）则是以达尔文进化论来解释文化传承现象，认为（文化传承）"是通过一个过程而从一个人的头脑跳入另一个人的头脑之中的。这个过程广义而言可以被称为模仿"。[②]由此可见，文化基因是一个群体的文化得以传承延续的核心要素，"是文化内涵构成中的一种最基本元素，存在于民族或族群的集体记忆之中，是民族或族群储存特定文化遗传信息的功能单位"。[③]

文化基因传入中国之初，国内学者未对"文化基因"研究投入过多精

[①] 张野，王伟，程遂营.文化基因、文化要素和文化场景：国家文化公园建构的文化逻辑[J].旅游学刊，2024（8）.

[②] 苏珊·布莱克摩尔.谜米机器：文化之社会传递过程的基因学[M].高申春，等，译.长春：吉林人民出版社，2001：4.

[③] 李新宽.西方文明的文化起源：从文化借用到文化基因的形成[J].探索与争鸣，2024（5）.

力。根据中国知网可视化数据分析提供的数据，1986年至2000年，"文化基因"主题的文章发表量每年维持在个位数。2001年至2010年，相关文章发表数量每年维持在两位数。或与国家关于文化自信和文化产业发展的政策相关，2011年之后，"文化基因"研究文章每年发表数量呈现井喷之势，每年都有数百篇文章发表。截至2024年10月12日，中国知网收录的"文化基因"主题的文章共计6925篇。"文化基因"研究文章的主要主题有中华优秀传统文化、传统村落、红色文化、文化自信、景观基因、非物质文化遗产、文化基因算法、社会主义核心价值观、中华民族、中国式现代化、乡村振兴等关键词。由此可见，文化基因研究不仅已成为国内学术界关注的热点，而且研究方向更加多样化，在中国特色社会主义研究、传统文化研究、中华民族铸牢研究等方面都发挥了重要的作用。

文化基因在近几年获得中国学者的进一步解释，应用于中华文明连续性、包容性、独特性、创新性、和平性的特征解读中。那么，哪些文化能够被识别为中华文明的"文化基因"呢？王学斌认为"中国文化基因"，是指"保证中华文明绵延5000多年不曾断裂、屡经冲击嬗变不脱底色、固本培元且又与时俱进、开放包容、乐与他者交流的基本文化因素"[①]。赵传海提出"文化基因"应该是"可以被复制的鲜活的文化传统和可能复活的传统文化的思想因子"[②]。刘长林将民族的"文化基因"定义为"那些对民族的文化和历史发展产生过深远影响的心理底层结构和思维方式"，并认为"思维方式是从方法论的角度对民族文化和其他实践活动的一种抽象""贯穿于一个民族文化和社会实践的各个方面"。[③] 由此可见，中国学术研究中的"文化基因"，指的是构成中国人思维方式和行为模式的基本元素，它们在历史长河中不断被传承、演变、创新，成为中华民族独特的文化标识和精神支柱。

基于国内学者对于文化基因概念的认知，当前国内文化基因研究的方向主要包括非物质文化遗产与文化基因、地域文化基因、传统工艺与文化基因、城乡规划与文化基因、教育与文化基因、现代设计与文化基因、数字化与文

---

① 王学斌.中华文明源远流长的连续性[N].学习时报（第1版），2023-06-16.
② 赵传海.论文化基因及其社会功能[J].河南社会科学.2008（2）.
③ 刘长林.中国系统思维：文化基因透视[M].北京：中国社会科学出版社，1990：1-2.

化基因等。本文将综述当前文化基因研究的主要方向，探讨不同领域中文化基因的关键论点和研究成果。

非物质文化遗产是文化基因的重要载体，其保护和传承对于维护文化多样性具有重要意义，文化基因的稳定性与遗传性、文化基因的生活传承，是这类研究的主要内容。苑利、顾军[①]指出，非物质文化遗产具有超强的"稳定性"和"遗传性"，是民族精神财富的重要组成部分。这些文化基因不仅代表了民族的共同想法和审美，还是民族身份和认同的重要标志。文章强调，不加任何改变的原汁原味的传承才是最好的传承。活态传承不应成为对非遗这一优秀民族文化基因施以改造并使之成为"转基因"的理由。保护非遗的"纯正性"和"稳定性"是当前的重要任务。相较于苑利等人对文化基因民族性的理解，王丹更加强调非遗与日常生活的关系。她提出，非物质文化遗产不仅蕴含着文化基因，还通过生活实践不断生产和传承着这些基因。文化基因的保护和传承需要在日常生活和社会实践中进行，通过各种形式的活态传承，保持其生命力。[②]

地域文化基因是特定地区文化特征的集中体现，对于地方文化认同和经济发展具有重要作用。如何识别与提取地域文化基因、如何应用地域文化基因，是这类研究的关键性问题。刘涛、叶光林通过解码河南地域文化基因，提出了解码地域文化、提取特色文化元素的方法。文章强调，通过系统地研究和分析，可以更好地理解和保护地域文化基因。[③]赵美云、吕绍棠、刘媛探讨了秦巴山区刺绣文化基因的体系构建与识别，为刺绣传承提供了理论支撑。文章通过精神文化、社会文化和物质文化三个层面的分析，构建了刺绣文化基因的系统框架。[④]识别与提取文化基因的目的是更好地将文化基因转化为文

---

① 苑利，顾军.非遗：一笔亟须保护的中华民族文化基因[J].中央民族大学学报（哲学社会科学版），2024（2）.

② 王丹.文化生命体的生活实践：非物质文化遗产赓续中华文化基因的逻辑进路[J].中央民族大学学报（哲学社会科学版），2024（2）.

③ 刘涛，叶光林.文化基因解码与地域文化的传承弘扬策略：基于河南地域文化基因的探讨[J].黄河科技学院学报，2024（7）.

④ 赵美云，吕绍棠，刘媛.秦巴山区刺绣文化基因研究：以秦蜀文化区为例[J].今古文创，2024（31）.

化资源，实现其经济价值。俞凯探讨了如何将地域文化基因融入明式家具设计中，通过以杭州文化基因为例，展示了地域文化基因在现代设计中的应用，提升了产品的文化内涵和市场竞争力。①

传统工艺是文化基因的重要表现形式，这类研究通过建构文化基因图谱来系统性地解析传统工艺的文化基因，进而提出保护、传承与利用的建设性策略。张涵、刘文佳、裴赓通过构建文化基因图谱，为传统陶瓷工坊的保护和传承提供了系统的策略。他们提出了主体、自然环境、人际关系以及传统村落四个层级的文化基因图谱，为传统工艺的保护提供了科学依据。②王亚雨通过层次分析法和熵权法对广西金秀瑶族刺绣的文化基因进行提取，构建了刺绣文化基因库。文章提出了基于文化基因库的设计策略，通过现代设计手法进行再设计，创造适应现代社会的审美需求同时又具有金秀瑶族刺绣特色的产品。③

现代工艺设计是对传统工艺的转化和价值再造，探讨文化基因在现代设计中的应用，在一定程度上有助于破除现代设计中西方中心主义的思想，促进中华优秀传统文化的现代性转化，也有助于提升产品的竞争力和文化内涵。张安华、张迪雅、万璐通过解构江南古典园林的文化基因，为家具设计提供了新的灵感。④欧阳文昱、王小玉探讨了如何将古驿道文化基因融入文创产品设计，提升产品的文化价值。他们提出了典型基因提炼重构、延伸内涵情境共鸣、文化融合创新应用及科技驱动文创升级四个设计思路，为文创产品设计提供了新的方法和路径。⑤

城乡规划中的文化基因研究则强调了文化基因在乡村振兴、历史街区保护和城市更新中的应用价值。通过文化基因理论的应用，可以更好地保护和

---

① 俞凯.地域文化基因视角下的新明式家具设计研究［J］.包装工程，2023（6）.
② 张涵，刘文佳，裴赓.非遗保护视角下传统陶瓷工坊文化基因图谱构建：以罗山土陶基地为例［J］.河南科学，2024（7）.
③ 王亚雨.基于AHP-熵权法的广西金秀瑶族刺绣文化基因提取与设计策略研究［J］.广西师范大学学报，2023（7）.
④ 张安华，张迪雅，万璐.江南古典园林文化基因在家具设计中的创新应用研究［J］.家具与室内装饰，2023（9）.
⑤ 欧阳文昱，王小玉.基于文化基因的南粤古驿道文创产品设计研究［J］.美术教育研究，2024（2）.

传承地方文化，促进城乡的可持续发展。例如，张懿、林讯、王佳璐等总结了文化基因理论在城乡规划领域的研究现状和应用，提出了未来的发展趋势，并且提出，文化基因理论在乡村振兴、历史街区保护、城市更新等方面具有重要应用价值①。

教育领域的文化基因研究则关注教育家精神的弘扬和儒家义文化在现代教育中的应用。高萍美、祁昕飞探讨了文化基因视角下新时代教育家精神的本质内涵，提出了高校教师弘扬教育家精神的策略。②顾向明则是分析了儒家义文化在沂蒙精神文化基因中的作用，探讨了其在现代教育中的应用。文章指出，儒家义文化强调社会责任和道德规范，是培养具有社会责任感和道德修养人才的重要文化基因。③

如何借助数字化技术的力量来促进文化基因的保护、传播与利用，是当前文化基因研究的重要关注点，也是本书在研究过程中所要解决的关键性问题。杨剑飞、王文睿探讨了文化基因数据库的构建路径，提出数字化战略的重要性，通过构建文化基因数据库，可以系统地记录和保护文化基因，为文化研究和传承提供数据支持。④周树斌、高劲松、张强等通过知识图谱技术，实现了诗词资源的文化基因重组和可视化展示。⑤

文化基因研究是一个多学科交叉的领域，涵盖了非物质文化遗产保护、地域文化传承、传统工艺创新、城乡规划、教育、现代设计和数字化等多个方面。文化基因研究不仅有助于保护和传承文化遗产，还能促进文化的创新和发展。通过对这些领域研究的分析，我们可以更全面地理解文化基因的多样性和复杂性，从而为本书要开展的文旅融合视角下的齐鲁文化基因解码利用提供科学的理论和实践指导。

---

① 张懿，林讯，王佳璐，等.文化基因理论在城乡规划研究领域中的应用综述与展望[J].建筑与文化，2024（4）.

② 高萍美，祁昕飞.文化基因视角下高校教师弘扬教育家精神的着力点探析[J].宁波大学学报（教育科学版），2024（2）.

③ 顾向明.儒家义文化与沂蒙精神文化基因[J].临沂大学学报，2023（6）.

④ 杨剑飞，王文睿.中国文化基因数据库构建：历史维度、实践逻辑与路径探析[J].贵州民族研究，2023（4）.

⑤ 周树斌，高劲松，张强，等.文化基因视域下诗词资源多维知识重组与可视化研究：以茶文化为例[J].图书情报工作，2023（16）.

（二）文化基因解码的相关研究

文化基因解码本质上是对预定区域内的众多文化元素开展摸底调查工作，全方位挖掘区域的文化元素及其深刻内涵，按照一定的标准对这些文化元素进行分类，建立起区域文化基因的谱系网络，最后通过"提取—解码—利用"三个阶段的工作发现文化元素之间的内在联系，实现全面发掘、整理、保存区域内文化基因的目的。

文化基因解码是文化基因研究工作的应用部分，这类研究一般探讨的是文化基因解码的路径问题以及解码后的应用问题。文化基因解码研究旨在通过科学的方法和技术手段，揭示文化现象背后的深层结构和内在逻辑，从而为文化保护、传承和发展提供理论支持和实践指导。近年来，随着信息技术和数据科学的快速发展，文化基因解码研究逐渐成为学术界和实践领域的热点话题。本部分将从文化基因解码的路径、分类标准以及现实价值三个方面进行综述，以期为接下来的研究提供参考。

当前文化基因解码研究的路径主要分为四类：文献分析、田野调查、数据分析、实验研究。

文献分析是文化基因解码的基础方法之一。通过对大量文献的系统梳理和综合分析，可以提炼出文化基因的核心要素和特征。例如，郝达在《浙江"文化基因解码工程"视域下的非遗名录优化路径思考》一文中，通过文献分析，探讨了浙江非遗名录制度的外在呈现形式、内在保护理念、文化本体理解和具体实践方式，提出了优化非遗名录体系的理论思考。类似地，李若赞等人在《基于齐鲁文化基因解码的山东黄河流域文旅融合路径研究》中，通过对齐鲁文化的文献梳理，提出了山东黄河流域文旅融合的路径建议。

田野调查是部分人文社会科学学科的主要研究方法，通过实地考察和访谈，可以获取第一手的资料，更能够深入了解深植于民众日常生活中的文化现象，以便深挖文化基因，考察文化基因在日常生活中的保护传承情况。例如，徐珊珊在《文化基因解码与非遗保护双重视角下豫南民间美术建档研究》中，通过对豫南民间美术的田野调查，分析了建档服务的现状和存在的问题，提出了提升建档服务的有效对策。包龙源在《共同体视阈下中华文化基因解码与保护传承研究——基于贵州民族刺绣文化考察》中，通过实地考察贵州民族刺绣文化，探讨了民族刺绣的共性文化基因及其保护传承的意义。

随着大数据和人工智能技术的发展，数据分析成为文化基因解码的重要工具。通过对大量数据的挖掘和分析，可以揭示文化现象的规律和趋势。例如，李笑玲在《基于乡愁文化基因解码的乡村深度旅游开发模式与路径研究》中，运用扎根理论方法对网络文本资料进行分析，构建了乡愁文化基因体系，并通过问卷调查和结构方程模型，检验了乡愁文化基因与深度旅游体验之间的关系。王伊鸣在《新媒体语境下非遗视听作品融合创作研究》中，通过数据分析，探讨了非遗视听作品的创作方法和融合创作的规律性思路。

实验研究是验证文化基因解码理论的有效方法。通过设计和实施实验，可以检验假设和模型的合理性。例如，马浩翔在《"知来路，明去路"：产品色彩文化基因解码对顾客购买意愿的影响》中，通过一系列实验设计，探讨了产品色彩的文化基因解码对顾客购买意愿的影响，揭示了感知符号价值的中介作用和自我概念一致性的调节作用。王飞和沈小勇在《创新文化基因解码的对外传播策略》中，通过实验研究，探讨了杭州文化基因的传播策略和传播效应。

这些路径各有优势，可以互相补充，形成系统的解码体系。文献分析能够提供理论基础和历史背景，田野调查能够获取第一手资料，数据分析能够揭示规律和趋势，实验研究能够验证假设和模型。通过多路径的综合运用，可以更全面、深入地解码文化基因。本书所采用的研究路径，也是文献分析、田野调查与数据分析三者相结合。

当前基于文化基因解码工作的文化基因分类，出现了多样化的标准形式。殷昊然在其硕士学位论文中总结了六种学术界的文化基因分类：一是按照近似性或差异性按层次分为九个类别，超类、特类、亚类当作等级划分；二是按照物质表现形式当作区分标准，从而划分显性基因和隐性基因这两种概念；三是按照传统聚落景观的分类方式将文化基因分为主体基因、附着基因和混合基因；四是按照文化基因的牢固性可将其定性为稳定基因和变异基因；五是分为物质与非物质两类；六是按照属性和实际氛围，分为共享类和特异类。①

---

① 参见殷昊然.山东省百条红色旅游线路的文化基因谱系构建与活化路径研究［D］.烟台：鲁东大学，2023.

相较于殷昊然的研究结论，本书通过对文化基因解码文献的全面解读，发现目前基于分类学意义上的文化基因研究，集中在这四个方面：地域基因、融合基因、显性基因、隐性基因。

中国文化基因在不同地方呈现出不同的地域特色。文化基因决定地域文化的特色、构成和意蕴，影响着文化保护、传承、传播的模式。[①]因此，对地方文化基因的解码研究，能够更深入地揭示当地民众独特的精神内核和行为模式，从而理解地域文化的特色。例如，刘彩红和李家利在《高陵文化基因解码研究》中，将高陵区的文化基因划分为地域基因，探讨了高陵文化对现代文化旅游发展的作用。李若赞等人在《基于齐鲁文化基因解码的山东黄河流域文旅融合路径研究》中，将齐鲁文化划分为地域基因，分析了其对山东黄河流域文旅融合的影响。

在中华文化发展史上，包容并蓄是中华文化的重要特征。因此，融合基因也成为文化基因解码研究的主要方面。融合基因是指不同文化在互动和交流中形成的新的文化特征和文化元素。例如，刘涛和叶光林在《文化基因解码与地域文化的传承弘扬策略——基于河南地域文化基因的探讨》中，将河南地域文化基因划分为融合基因，探讨了文化基因的传递、融合和突变特征。包龙源在《共同体视阈下中华文化基因解码与保护传承研究——基于贵州民族刺绣文化考察》中，将贵州民族刺绣文化划分为融合基因，分析了其在中华文化中的地位和作用。

显性基因与隐性基因是按照物质表现形式来区分的，表现形式明显的是显性基因，表现形式不明显的是隐性基因。显性基因是指可以直接观察和感知的文化特征和文化元素。例如，徐珊珊在《文化基因解码与非遗保护双重视角下豫南民间美术建档研究》中，将豫南民间美术的文化基因划分为显性基因，探讨了其在非遗保护中的重要性。郝达在《浙江"文化基因解码工程"视域下的非遗名录优化路径思考》中，将浙江非遗的文化基因划分为显性基因，分析了其在非遗名录优化中的作用。

隐性基因是指隐藏在表象背后的文化特征和文化元素。例如，刘涛和叶

---

① 刘涛,叶光林.文化基因解码与地域文化的传承弘扬策略：基于地域文化基因的探讨[J].黄河科技学院学报,2024（7）.

光林（2024）在《文化基因解码与地域文化的传承弘扬策略——基于河南地域文化基因的探讨》中，将河南地域文化基因划分为隐性基因，探讨了文化基因的抽象、意向和隐喻表达。李笑玲（2023）在《基于乡愁文化基因解码的乡村深度旅游开发模式与路径研究》中，将乡愁文化基因划分为隐性基因，分析了其在乡村深度旅游开发中的作用。

这些分类标准不仅有助于细化文化基因的结构，还能够为不同层面的文化研究提供具体的分析框架。地域基因强调特定地区的独特文化特征，融合基因关注不同文化在互动中形成的新特征，显性基因和隐性基因则分别对应可以直接观察和隐藏在表象背后的文化元素。通过分类标准的应用，可以更精准地识别和解析文化基因，为接下来本书的齐鲁文化基因识别、解码与谱系建构提供科学依据。

从本质主义的视角出发，文化基因解码研究归类于应用性研究领域，因此，探讨其研究价值成为这类研究不可或缺的一部分。文化基因解码研究的文章基本上都探讨了自我研究价值，主要论述了其在文化保护与传承、文旅融合发展、乡村振兴、企业品牌建设、社会治理等方面的价值。

文化基因解码有助于深入理解文化现象的本质，为文化保护和传承提供科学依据。例如，郝达的《浙江"文化基因解码工程"视域下的非遗名录优化路径思考》一文，对优化非遗名录体系进行了理论思考，为非遗保护提供了新的思路。

文旅融合是文化基因解码利用的重要工作，文化基因解码研究可以为文旅融合发展提供新的路径和模式。例如，刘彩红和李家利在《高陵文化基因解码研究》中，探讨了高陵文化对现代文化旅游发展的作用，为高陵区的文旅融合发展提供了参考。李若赞等人在《基于齐鲁文化基因解码的山东黄河流域文旅融合路径研究》中，提出山东黄河流域文旅融合的路径建议，为区域经济的发展提供了理论支持。

解码乡村的文化基因，探讨文旅融合路径和文化基因对于乡村振兴的重要意义。例如，张树锋在《乡村振兴背景下红色文化基因解码与文旅融合应用研究》中，探讨了红色文化基因在乡村振兴中的作用，提出以农村地区的文旅融合发展为突破，实现共同富裕的目标。

文化基因解码可以为企业品牌建设提供新的视角和方法。例如，谢振芳和王博在《解码六味斋新晋商文化基因》中，探讨了六味斋如何通过红色基因、诚实守信基因、和衷共济基因、开拓进取基因和务实经营基因，为晋商文化注入新的时代内涵，发展成为综合性企业集团。

文化基因解码为社会治理提供了新的思路和方法。和琼在《解码〈黑暗传〉文化基因及其应用》中，探讨了《黑暗传》的文化基因在旅游、教育和社会管理方面的应用，为社会治理提供了新的思路。

总之，文化基因解码研究不仅仅是理论上的探索，更是实践中的应用。通过多路径的综合运用、分类标准的科学应用以及现实价值的充分挖掘，文化基因解码研究可以为文化保护、传承和发展提供强有力的支持。特别是在文旅融合的背景下，文化基因解码研究为齐鲁文化的传承和弘扬提供了新的思路和方法，有助于推动山东黄河流域区域经济的发展，提升齐鲁文化的国际影响力。

（三）文旅融合概念界定及相关研究

文旅融合，简言之是文化产业与旅游产业相互补充、相互渗透、相互促进，合为一体，旅游作为文化的具化，文化引领旅游纵深延展的不断交融的过程。文旅融合的概念界定仍然没有达成共识。①

国内文旅融合的研究论述是跟随着国家政策导向同步开展的。根据中国知网可视化分析提供的数据，最早以"文旅融合"为主题的文章出现在2009年，数量为2篇②。2009—2017年，"文旅融合"文章的每年发文数量始终维持在个位数、两位数。直到2018年，中华人民共和国文化和旅游部成立，"文旅融合"成为旅游业的指导方针，"文旅融合"文章才开始呈现出井喷式的增长，并呈现出逐年攀升的趋势，每年发文量从三位数攀升至四位数。国内学者的文旅融合研究主题也更加多样化，根据学者的研究取向，可以分为理论框架及模式研究、政策研究、数字化与技术创新研究、区域发展研究、社会影响研究、公共服务研究、产业开发研究等几个方面。文旅融合研究也从最

---

① 王华，邹统钎.文化与旅游融合的理论与实践［M］.天津：南开大学出版社，2021：3.
② 这两篇文章非研究论文，而是新闻报告，分别是周伟民.文旅融合构成苏州绝妙风景［N］.中国旅游报.2009-11-30（13）.吴涛.擦亮文化旅游"国"字招牌［N］.扬州日报.2009-12-15（B01）.

初描述和分析现象为主，逐渐发展到实地调研、统计与计量分析、地理空间研究方法的综合应用。

（1）文旅融合的理论框架及模式研究，探讨的是构建文旅融合的理论框架，探索不同模式和路径，为实践提供理论指导。如王秀伟、朱敏敏的《文化和旅游融合：多层次关系内涵、挑战与践行路径》[1]，探讨了文化和旅游关系的多层次内涵，提出了文旅融合的三个层次路径。（2）文旅融合的政策研究，主要是研究文旅融合的政策支持和管理机制，探讨如何通过政策引导和管理创新来促进文旅融合的发展。例如李国新、李阳的《文化和旅游公共服务融合发展的思考》[2]，探讨了公共文化服务和旅游公共服务的融合点，提出了具体的融合路径。（3）文旅融合的数字化与技术创新研究，主要探讨的是数字技术在文旅融合中的应用，研究如何通过数字化手段提升文旅融合的水平和效果。如魏鹏举的《数字时代旅游产业高质量发展的文旅融合路径》[3]，探讨了数字时代文旅融合的路径，提出了文博文创数字化发展的典范。（4）文旅融合的区域发展研究，探讨的是特定区域的文旅融合发展情况，分析区域内的资源禀赋、经济发展水平、政策环境等因素对文旅融合的影响。如洪学婷、黄震方、于逢荷等的《长三角城市文化资源与旅游产业耦合协调及补偿机制》[4]，研究了长三角地区文化资源与旅游产业的耦合协调关系。（5）文旅融合的社会影响研究，针对文旅融合对社会经济、文化传承、社区发展等方面的影响，探讨文旅融合的社会价值和意义。如杨耀源的《文旅融合背景下少数民族非物质文化遗产保护性旅游开发》[5]，分析了少数民族非物质文化遗产的保护性旅游开发问题，提出了相应的对策。（6）文旅融合的公共服务研究，研究的是文旅融合在公共服务中的应用，比如探讨图书馆、博物馆等文化机构如何参与文旅融合。如周芸熠、张磊、董群的《文旅融合时代下的公共图

---

[1] 王秀伟，朱敏敏.文化和旅游融合：多层次关系内涵、挑战与践行路径[J].旅游学刊，2020（3）.
[2] 李国新，李阳.文化和旅游公共服务融合发展的思考[J].图书馆杂志，2019（10）.
[3] 魏鹏举.数字时代旅游产业高质量发展的文旅融合路径——以文博文创数字化发展作典范[J].广西社会科学，2022（8）.
[4] 洪学婷，黄震方，于逢荷，等.长三角城市文化资源与旅游产业耦合协调及补偿机制[J].经济地理，2020（9）.
[5] 杨耀源.文旅融合背景下少数民族非物质文化遗产保护性旅游开发[J].社会科学家，2021（4）.

书馆发展研究与思考》[1]，探讨了公共图书馆在文旅融合中的发展路径。（7）文旅融合的产业开发研究，针对的是文旅融合在产业开发中的应用问题，探讨如何通过文旅融合推动文化产业和旅游产业的发展。如张胜冰的《文旅深度融合的内在机理、基本模式与产业开发逻辑》[2]，探讨了文旅深度融合的内在机理和产业开发逻辑。

总体来看，文旅融合研究发展迅猛，并且更加注重探讨文化和旅游如何能够更好地融合、促进产业开发和区域发展。但是，从文化基因解码利用角度探讨文旅融合开发和营销推广路径的研究较少，而且较多关注文化基因谱系研究，较少探讨文旅部门在具体工作中如何运用文化基因解码利用来实现文旅深度融合。但不得不说，文化基因解码与文旅深度融合相结合，给文化旅游产业发展带来新的开发模式，特别是浙江文化基因解码利用工程和山东文化基因解码利用工程，带给文旅行业全新的气象。目前，文旅融合与文化基因解码利用的研究，主要有以下几个。例如，李星明[3]等人通过对乡愁文化基因的研究，提出了乡愁文化基因包括家庭牵绊、乡村生活等八个方面，并将其划分为主体基因、附着基因、混合基因、变异基因四个层级，为乡村旅游融合发展提供了路径指导。张磊玲和许正宇[4]则以苏州陆巷古村为例，通过构建文化基因谱系，提出了保育主体基因、修复附着基因、活化混合基因的发展策略。此外，鲁洋静[5]从海南、云南两省的实际出发，分析了这两省文化基因的特征，揭示了文化基因与旅游体验之间的内在联系。她指出，文化创新与旅游产品的开发协同作用明显，为文旅深度融合提供了宝贵经验。

本部分的文旅融合研究综述，清晰展现出当前文旅融合研究的广度与深度，从概念界定到实际应用，再到文化基因解码利用的探索，充分体现了这

---

[1] 周芸熠,张磊,董群.文旅融合时代下的公共图书馆发展研究与思考[J].图书馆学研究,2020（2）.
[2] 张胜冰.文旅深度融合的内在机理、基本模式与产业开发逻辑[J].中国石油大学学报（社会科学版）,2019（5）.
[3] 李星明,李笑玲,时朋飞,等.基于乡愁文化基因解码的乡村文旅融合路径研究[J].西南大学学报（社会科学版）,2024（1）.
[4] 张磊玲,许正宇.文化基因视角下传统村落文旅融合发展路径研究：以苏州陆巷古村为例[J].无锡商业职业技术学院学报,2023（6）.
[5] 鲁洋静.基于文化基因解码的文旅深度融合机理与模式：以海南、云南为例[J].社会科学家,2023（8）.

一领域研究的多元化趋势及其对实践的指导意义。特别是在文化基因解码利用方面，近年来的研究成果为文旅融合开辟了新的视角和路径。因此，我们通过深入分析和解码齐鲁文化基因，不仅可以更精准地把握山东的文化特色，还能够在此基础上设计出更具吸引力和市场竞争力的文化旅游产品和营销方案，从而有效促进山东文旅产业的转型升级。

四、研究目标与核心问题

在新时代背景下，齐鲁文化基因解码利用工程——基于文旅融合视角的探索与实践，旨在通过深入挖掘和传承齐鲁文化的独特魅力，促进文化资源的有效转化与创新应用，进而推动文旅产业的高质量发展。本研究的核心目标在于构建一个既符合时代要求又具有鲜明地域特色的文旅融合发展模式，以期在满足人民群众日益增长的美好精神文化生活需要的同时，也为齐鲁地区的经济社会发展注入新的活力。

首先，文旅融合视角下的齐鲁文化基因解码利用研究，能够有效促进文化资源的活化利用。齐鲁文化不仅是中华民族优秀传统文化的重要组成部分，也是齐鲁人民的精神家园。通过深入挖掘齐鲁文化的内在价值，将其融入旅游产品和服务中，不仅可以提升旅游体验的质量，还能增强游客的文化认同感和归属感。例如，通过对儒家文化的解读，设计出一系列具有文化特色的研学旅行项目，让游客在旅行的过程中不仅能欣赏到美丽的自然风光，还能深入了解儒家思想的精髓，从而获得更加丰富和深刻的旅游体验。

其次，本研究有助于推动文旅产业的高质量发展。面对后疫情时代消费者对旅游体验需求的日益多元化，以及数字技术在文旅领域的广泛应用，如何有效利用齐鲁文化资源，创新旅游产品和服务，成为亟待解决的关键问题。当前，旅游市场的竞争日益激烈，传统的观光旅游模式已经难以满足现代消费者的需求。通过齐鲁文化基因的解码，可以开发出更多具有地方特色和文化内涵的旅游产品，如文化主题旅游、研学旅行、康养旅游等，这些新型旅游形式不仅能够吸引更多的游客，还能延长游客的停留时间，增加旅游消费，从而推动文旅产业的可持续发展。

再次，本研究对于提升齐鲁地区的国际形象和文化软实力具有重要意义。

在全球化背景下，文化软实力的竞争日益激烈，一个地区或国家的文化形象直接影响其在国际舞台上的地位和影响力。齐鲁文化作为中华文化的重要组成部分，具有独特的魅力和影响力。通过文旅融合的途径，将齐鲁文化推向世界，不仅能够提升齐鲁地区的国际知名度和美誉度，还能增强中华文化的国际传播力和影响力。例如，通过举办国际文化交流活动、打造国际化的文化旅游品牌等方式，可以让更多的人了解和认识齐鲁文化，从而促进文化的交流互鉴和民心相通。

最后，本研究还能够为政府和企业提供决策参考和支持。在文旅融合发展的过程中，政府和企业面临着诸多挑战，如，如何合理规划文化旅游项目、如何有效保护和利用文化遗产、如何提升旅游服务质量等。齐鲁文化基因的解码，可以为政府和企业提供科学的决策依据和实用的操作指南。例如，政府可以通过制定相关政策和措施，引导和支持企业开发具有地方特色和文化内涵的旅游产品；企业则可以通过技术创新和管理创新，提升旅游服务的质量和效率，从而实现经济效益和社会效益的双赢。

综上所述，本研究以齐鲁文化基因解码利用工程为研究对象，从文旅融合的视角出发，探讨如何通过文化资源的活化利用，推动文旅产业的高质量发展，提升齐鲁地区的国际形象和文化软实力，为政府和企业提供决策参考和支持。具体而言，本研究的核心问题包括以下几个方面。

（1）齐鲁文化基因的内涵及其价值。通过文献梳理和实地调研，深入挖掘齐鲁文化的内在价值，探讨其在当代社会中的意义和作用。这不仅有助于传承和弘扬齐鲁文化，还能为文旅产业的发展提供丰富的文化资源。

（2）齐鲁文化基因在文旅产业中的应用路径。结合齐鲁地区的实际情况，探讨如何将齐鲁文化基因融入旅游产品和服务中，开发具有地方特色和文化内涵的旅游项目。这不仅能够提升旅游体验的质量，还能增强游客的文化认同感和归属感。

（3）齐鲁文化基因解码利用的创新模式。在数字化转型和新技术应用的背景下，探讨如何利用数字技术、虚拟现实等手段，创新齐鲁文化基因的解码利用方式，提升文旅产业的智能化和现代化水平。这不仅能够提高旅游服务的效率和质量，还能为游客提供更加便捷和个性化的旅游体验。

通过以上内容，本研究希望能够为齐鲁文化基因解码利用工程提供理论依据和实践指导，为推动齐鲁乃至全国文旅产业的转型升级贡献智慧和力量。

五、研究的内容与逻辑

本研究聚焦于齐鲁文化基因解码利用工程在文旅融合视角下的探索与实践，旨在通过系统化的理论分析和实证研究，为山东省文化旅游产业的高质量发展提供策略支持。研究内容主要分为以下几个部分。

（1）基础理论部分。首先，本文将从理论层面探讨文化基因的概念及其在文旅融合中的重要性，同时对国内外相关研究进行综述，明确研究背景及意义。其次，结合国家关于文化和旅游融合发展的指导意见以及山东省的具体政策方针，阐述齐鲁文化基因解码利用工程的必要性和紧迫性。

（2）齐鲁文化基因解码利用工程的政策方针、任务分配与实施方针。详细介绍该工程的目标定位、核心任务及其具体的实施路径，包括但不限于如何通过数字化技术实现文化资源的系统化存储与版权化管理，并推动数据交易等经济价值转化；同时，强调该工程对于维护文化安全、促进文旅深度融合等方面的重要作用。

（3）解码部分。这一阶段的工作主要包括两个方面。①文化基因解码与分析。深入挖掘并解析齐鲁文化的物质要素、精神思想、语言符号及制度规范等方面的独特性，形成颗粒状的文化基因。②数据库建设。基于上述成果，构建起一个全面覆盖且便于检索使用的"沿着黄河遇见海"文旅数据库，确保所有信息均得到标准化标注处理，以便后续的应用开发。

（4）转化利用部分。①媒体宣传转化利用。利用新媒体矩阵优化升级来加强"好客山东"的品牌塑造与传播力度，提高公众参与度和市场影响力。②文旅产品研发转化利用。依托丰富的文化基因库，设计出一系列高端化、定制化的文旅产品和服务，满足不同游客群体的需求，从而提升整个行业的吸引力与竞争力。这部分还将具体展示项目实施后所取得的社会经济效益，如旅游收入增长、就业机会增加等。

（5）分析文化基因解码利用工程文旅融合部分的问题（挑战）。针对当前实践中存在的问题进行剖析，比如文化基因数据库使用力度不够、缺乏鲜明的文旅标识意识以及当代生活故事挖掘不足等现象，识别制约因素及其影响。

（6）基于这些问题，提出文旅融合发展策略。最后，根据前面提到的各项挑战，提出相应的解决措施和发展建议，涵盖跨学科人才培养、技术创新应用、市场推广创新等多个维度，以期进一步深化齐鲁文化与现代旅游之间的有机联系，助力山东省文化旅游市场的持续繁荣。

（7）结论与展望。总结全文的研究发现，评估齐鲁文化基因解码利用工程在推动文旅深度融合方面的实际成效，并对未来发展方向做出预测，呼吁社会各界共同关注和支持此类项目的长远发展。

第二章 齐鲁文化基因解码利用工程概况

2023年11月，由山东省委、省政府决策部署，山东省文化和旅游厅执行实施的齐鲁文化基因解码利用工程正式启动。"齐鲁文化基因解码利用工程"就是选取齐鲁文化中具有标识意义的资源进行系统解构，提取有利用价值的"最小颗粒"进行数字标注和产权登记，在此基础上建设文化基因数据库，构建文化大模型，面向社会进行公益化运用，面向市场进行数据交易。简言之，就是推动齐鲁文化资源数据化，文化数据资产化，资产利用社会化、资本化。

一、齐鲁文化基因解码利用工程项目实施背景与目标

（一）项目实施背景

1.传统文化资源赋能数字产业与文旅产业发展

齐鲁文化基因解码利用工程的实施，是在深刻认识国内外文化资源利用现状的基础上提出的。近年来，国内外对文化资源的深度挖掘、系统利用和版权保护都越来越重视。如美国电影《功夫熊猫》和《花木兰》都是借鉴中国文化元素，赚取了高额的票房；歌舞剧《只此青绿》和游戏《王者荣耀》都是挖掘和利用中国传统文化元素，借助现代技术来实现文化资源的现代转化和传播。

以手机游戏《王者荣耀》为例。《王者荣耀》的英雄角色、英雄皮肤、台词设计、价值观念等，绝大部分取自中国传统文化。据统计，游戏中的102位英雄，与中国传统文化相关的人物约占80%，如鲁班、盘古、孙悟空、后羿、姜子牙等。近些年，《王者荣耀》新增的英雄皮肤，逐渐减少了炫彩皮肤，增加了与非物质文化遗产相关的皮肤，例如2018年借鉴敦煌壁画的元素

推出了"仙女飞天形象"、2020年推出了"五岳"皮肤，等等。游戏的台词设计部分也独具匠心，基本选择中国古代诗词、名言绝句等。中华优秀传统文化元素的运用，不仅增强了《王者荣耀》的文化内涵，而且促使该游戏快速成长为中国手游的"顶流"。2024年10月28日晚，在《王者荣耀》九周年之际，官方宣布有超过一亿名玩家共同庆祝游戏九周年。这意味着《王者荣耀》在上线第九年，DAU（日活跃用户数）仍处于亿级水平。[①]《王者荣耀》在保持自身长青的同时，也积极与地方文旅合作，将游戏流量转化为文旅流量。例如，2024年9月，《王者荣耀》在江油政府、相关专家学者的支持下，合作共创了文创皮肤"李白——谪仙醉月"，融合李白诗词意象，并考究还原唐代服装等文化元素，有效助力江油"李白故里"这一品牌IP在年轻群体中的宣传推广。据江油市文化广播电视和旅游局数据，国庆假期期间，江油旅游接待总人数超过152万人，同比增长18.03%，旅游综合消费收入同比增长29.82%。[②]这展示出文化资源的价值不仅在于其历史和艺术的重要性，还在于它们能够被创造性地转化为现代经济和社会发展的动力。

更为典型的案例是2024年3A单机游戏《黑神话：悟空》的上线，直接引爆了游戏取景地的文旅经济。这款游戏的故事背景取自中国四大名著之一《西游记》，创新性地续写了"西游"之后的故事，展现出孙悟空对于自由的追求。游戏场景大多数参考了中国的古建筑与文化遗址。游戏上线之后，这些取景地成为新的旅游热点。例如，游戏中选取了27处山西极具代表性的古建筑，于是在8月22日游戏上线后，山西文旅即刻推出"跟着悟空游山西"的活动，以3条主题路线串联起游戏里的取景地，并设置"天命人"通关文牒，游客分享实地打卡体验还有机会获得主题周边和《黑神话：悟空》实体卡。虚拟与现实的双向奔赴、数字产业与传统文化元素的双向结合，共同造就了山西文旅的"流量神话"。据统计，在2024年8月，《黑神话：悟空》游戏上线后，山西小西天景区的暑期接待量达到7万余人次，同比增长了

[①] DAU再度突破1亿，《王者荣耀》如何成为长青游戏？财经网．http://tech.caijing.com.cn/20241028/5046737.shtml．

[②]《王者荣耀》官宣DAU超一亿，数字IP线下助益文化消费新模式．中国经济网．http://www.ce.cn/cysc/tech/gd2012/202410/28/t20241028_39183957.shtml．

300%。国庆假期期间（10月1日至10月6日），隰县接待了近9万人次的游客，而该县常住人口只有约9万人。这意味着在6天的时间里，游客数量几乎与当地居民数量相当，尤其是10月2日当天，游客人数突破1.6万，创下历史新高。

这表明，文化资源数字化转化的价值在于它能够通过现代技术和创新手段，将传统文化与当代娱乐、旅游等产业紧密结合，从而创造出巨大的经济和社会效益。这些实例也展示出文化资源的巨大潜力，以及开展文化基因解码利用的重要性。

2. 浙江文化基因解码工程的成功经验

有效利用文化资源的前提是充分认知文化资源。浙江省为了能够彻底摸清本省的文化家底，全面挖掘、梳理文化资源，于2020年启动了"浙江省文化基因解码工程"。这一工程的主要任务是梳理文化元素清单、研究发掘文化要素、评价文化基因特点、构建文化基因库、推动解码成果应用。原浙江省文化广电和旅游厅厅长褚子育说："构建中国文化基因理念体系，挖掘文化遗产背后蕴含的哲学思想、人文精神、价值观念、道德规范，是文旅系统的一项新课题、新任务。浙江省在推进高水平文旅融合建设共同富裕示范区的进程中，找到了解码文化基因这一切入点，希望以这项筑基工程，为构建中国文化基因理念体系提供'浙江经验'。"褚子育厅长回答了浙江为什么要实施文化基因解码工程。

浙江省文化基因解码工程是一个较长时段的工程，目前分为两个阶段：第一阶段是2020年至2022年，以文化元素普查、发掘、评价和基因库构建为主；第二阶段是2022年至2026年，以文化基因的利用为主。2024年至2026年启动了浙江省文化基因激活工程，深化落实文化基因赋能文化事业和文旅产业发展，争创具有浙江辨识度的实践成果，真正将前期的解码成果落到实处。

迄今，浙江省文化基因解码工程已经开展了近四年，取得了丰硕的成果。自项目启动以来，浙江省对全省范围内的文化元素进行了全面的普查。2021年底，"文化基因解码工程"1.0版本已基本完成，全省合计完成文化元素普查31029个，首批解码重点文化元素1845项，涵盖普查文化元素8342个，编纂全省域文化基因解码报告。① 这一工作的完成，意味着初步摸清了区域内文化现象、文化元素的基本分布和概况，建立了家底数据"一张网"。

在普查的基础上，对选定的重点文化元素进行了深入的解码工作。截至2021年底，全省共完成了1878项文化基因的解码工作，形成了首批"浙江文化标识"培育项目。

基因解码只是浙江文化基因解码工程的第一步，更重要的是解码后的利用问题。因此，2022年，浙江省文化和旅游厅开展实施深入推进文化基因解码成果转化利用"1—3—10"计划，即每个县市区完成1个示范项目落地投用，制定3个项目详细规划或设计方案，面向未来5年启动10个转化利用项目的前期研究。2022年7月，在衢州、杭州两地举办了"文化基因解码工程"成果展和文化标识建设成果交流展，精选了100项优秀成果进行集中展示。项目强调将研究成果转化为实际应用，如慈溪秘色瓷的青瓷瓯乐演绎产品、绍兴黄酒小镇及黄酒博物馆的建设等，真正带动了当地经济发展。以温州瑶溪风景区为例，在景区建设中融入了当地名人张璁和王瓒的人文故事、融入了玻璃银光刻等工艺美术、融入了古建筑营造技艺等文化元素，推进了钟秀园贞义书院、温州工艺美术"百工苑"等工程建设。② 同时，温州特色民俗"月子酒"也引入了景区的美食体验中，景区还推出了麦麦酒制作的月子"纱面汤"。

浙江文化基因解码成果转化的重要目标是完成文化标识培育工作。《建设文化标识推进文旅融合行动计划（2021—2025年）》这一文件，明确了系统实施宋韵文化传世工程的转化利用目标。根据前期的文化基因解码工作成果，浙江明确了现象级省域文化标识建设任务表，分别是良渚文化、宋韵文化、上山文化、黄帝文化、南孔文化、和合文化、良渚文化、丝瓷茶文化、古越文化、吴越文化。以这些文化为核心要素，浙江提出了八项文化标识任务工作，分别是浙籍名人·名人故里深度开发行动、浙学书院·传统书院复活活

---

① 浙报观察｜"浙江文化基因库"藏着什么密码？1800个文化元素带你读懂浙江［EB/OL］.浙江新闻. https://zj.zjol.com.cn/news.html?id=1895558&from_channel=52e5f902cf81d754a434fb50&from_id=1895567.

② 陈颂.基于文化基因视角的温州瑶溪风景区文化旅游开发研究［D］.桂林：桂林理工大学，2023.

化行动、浙风古韵·戏曲词牌整理活化行动、浙传经典·古籍古画转化利用行动、浙出好戏·古装演艺精品打造行动、浙地臻品·历史经典产业振兴行动、浙派好礼·遗产文创联动开发行动、浙里畅游·文化景区转型提质行动。这些工作的全面落实，意味着浙江文旅发展将迈上一个更高的台阶，更标志着"宋韵国际文化旅游目的地"的前期谋划圆满成功。

总体来讲，浙江省文化基因解码工程具有极强的示范性作用，极大启发了山东文化旅游的下一步工作方向。

2023年上半年，遵照周乃翔省长要求，由邓云锋副省长牵头组建山东省文化旅游考察团赴浙江学习。其间，专门就浙江"文化基因解码工程"，聆听时任浙江省文化和旅游厅褚子育厅长的经验介绍。考察团在深入学习和系统分析后，认为浙江"文化基因解码工程"经验值得借鉴。可以结合山东实际，绕开"文化资源普查"环节，抓住"文化数据版权化"这个关键，以"有效利用"为切入点，实施"齐鲁文化基因解码利用工程"。随后，在山东省委、省政府出台的《关于促进文旅深度融合推动旅游业高质量发展的意见》中，明确了这一创新工程。省委书记林武在2023年全省旅游发展大会上，就此专门作出部署、提出要求。从此，这项工程实现了由考察团建议到省委、省政府决策部署的转变。

（二）项目实施意义

第一，实施"齐鲁文化基因解码利用工程"，是推动中华优秀传统文化创造性转化、创新性发展的必然要求。山东省是文化资源大省，打造文化"两创"新标杆，最基础的是"挖出来"，最根本的是"活起来"。"挖出来"，就是要深耕人文沃土，既挖形而上的道，也挖形而下的器；既挖有形的文化资源，也挖无形的文化资产，还要挖数字化的文化价值。"活起来"，就是让收藏在博物馆里的文物、陈列在广阔大地上的遗产、书写在古籍里的文字都活起来，让文物说话、让历史说话、让文化说话。数字技术为文化遗产实现创造性转化、创新性发展提供了崭新的契机。"齐鲁文化基因解码利用工程"就是实现"挖出来"与"活起来"的有效通道。用数字手段复原文明碎片，让曾经的创造被数字记录铭刻，数千年的文明在数字世界中共存、共创、共同成长，这已成为数字时代的强烈召唤。例如，稷下学宫通过数字化技术重现百家争鸣的场景，使得游客能够通过虚拟现实体验到中华文明思想源流。

第二，实施"齐鲁文化基因解码利用工程"，是加快文化数字化、建设现代化强省的重要举措。2022年，由中共中央办公厅、国务院办公厅联合印发的《关于推进实施国家文化数字化战略的意见》，强调到"十四五"时期末，基本建成文化数字化基础设施和服务平台。因此，推行"齐鲁文化基因解码利用工程"是文化数字化实践中的具体举措。该工程借助数字技术的赋能，推动文化的蜕变，能够充分释放数字文化创新与创造的强劲动力。积极应对互联网迅猛发展为文化建设所带来的机遇与挑战，满足人民群众日益增长的精神文化需求，是构建社会主义文化强国、文化强省的迫切需求。构建一个物理分布合理、逻辑关联紧密、快速链接便捷、高效搜索功能、全面共享资源、重点集成文化大数据体系，已成为必然趋势。推动文化数字化生产力的快速发展，实现中华文化的全景展现、数字化成果的全民共享，以及优秀创新成果在国内外的广泛传播，是至关重要的途径。例如，山东省图书馆启动了古籍数字化项目，将馆藏珍贵文献资料进行扫描录入，并通过网络平台对外开放，极大地丰富了公众接触历史文化的方式。

第三，实施"齐鲁文化基因解码利用工程"，是维护文化安全和意识形态安全的迫切需要。习近平总书记指出，大国发展既是硬实力的发展，也是软实力的提升，中华文化是我们提高国家软实力最深厚的源泉。他还强调，掌握了话语的主导权，就掌握了中国道路的定义权、中国精神的阐释权、中国形象的塑造权，从而占据文化传播和舆论斗争的制高点。数字文化是掌握话语权、抢占制高点的重要战场。生成式人工智能的发展，意味着掌握数据来源就是掌握了话语权、控制权。因此，实施"齐鲁文化基因解码利用工程"，就是要通过基因解码、自行标注、版权登记，拥有自主的文化数据，在此基础上构建自主的文化大模型，如同应对美国的GPS（全球定位系统）一样，形成中国的北斗系统BDS，以筑牢安全屏障，从而更好地维护文化安全。

第四，实施"齐鲁文化基因解码利用工程"，是推动文化和旅游在更广范围、更深层次融合的有效途径。"看得见的管不着，管得着的看不见"，这是推动文化和旅游深度融合普遍面临的难题。"隔行隔界不隔理儿，数字文旅之间一张纸儿"，这是突破文旅与数字化鸿沟的信心所在。"战略规划远看千万里，不如打通脚下一纳米""说一千道一万，不如树个好示范"，这是推进文化数字化建设的重要启示。实施"齐鲁文化基因解码利用工程"，就是要立好标杆、建好示范，打造标准与规范，为面上推开打好基础，真正做到"文化基因可视、可感、可接触，数字版权可用、可延、可致富"。通过基因解码利用，有利于推进文化产业和旅游业"上云用数赋智"，促进线上线下融合，扩大优质数字文化产品供给，逐步实现山东省文旅资源"数据化"、游客出行"智慧化"、行业监管"全域化"，加快文旅融合发展、高质量发展。

二、齐鲁文化基因解码利用工程的实施路径

（一）齐鲁文化基因解码利用工程的关键词

齐鲁文化基因解码利用工程，其核心聚焦于一系列的关键词。这几个关键词诠释了工程实施工作的关键步骤。

1. 基因解码

从齐鲁文化元素入手，按照物质要素、精神思想要素、语言和符号要素、制度规范要素，进行深入挖掘研究、梳理阐释，找到齐鲁文化最有价值的文化因素，即优质文化基因。在此基础上，把文化基因进行数字标注、版权登记，为构建齐鲁文化基因数字库提供"原材料"。解出来的文化基因是颗粒状的，颗粒是延展性、无限式的。工程在实施过程中也要探索数据颗粒度的具体要求，以确保其适用于先进的语言模型，如ChatGPT。我们假设，如果数据单元过于粗略，则可能不足以支撑此类模型的有效训练与应用。因此，确定一个适宜的数据细化程度是本工程实施的核心目标之一。

2. 基因标注

文化资源的数字化转换产生了一类新的数据形式——文化数据。为了增强这些数据的文化内涵与意义，齐鲁文化解码利用工程采用一种标注机制，即为每条数据添加能够反映其文化特征和价值的"属性"标签。这一过程类似于生物学领域中对基因序列的编号标记，通过这种方式，使得传统的文化资源或内容在数字世界中被赋予了易于识别且含义明确的标识符。此类"属性"标签不仅简化了传统数据库中的信息检索流程，而且对于构建大规模文化模型至关重要。使用经过精心标注的数据集来训练模型，可以开发出专属

于文化领域的高级人工智能系统,例如类似 ChatGPT 的对话式 AI 助手。此外,这种基于"属性"标签的方法构成了后续一系列应用的基础,包括但不限于数字文化产品的交易、创意作品的生成、虚拟展览馆的设计以及历史档案的电子化管理等。简言之,对文化资源实施有效的"基因标注"是实现文化遗传密码解析工作的核心步骤之一。

3. 基因图谱

基因图谱用以系统地组织和解析文化资源中的不同层面。该图谱采用"宝塔式"的结构来展示文化的多层次性,其中每一层都代表了特定的文化元素或特征。顶端主要包括哲学思想、人文精神及价值理念等抽象层次的内容。这些构成了文化的核心价值观与世界观。中部则涵盖制度规范与习俗习惯,体现了社会结构与行为模式如何受到上述核心价值观的影响。底部则是物质基因、语言和符号基因的具体表现形式,如纹样、风格、动作和技术等。这部分直接关联于可观察到的文化产物及其特性。

例如,在分析鲁锦时,我们可以从这种传统织物中拆解出多种"基因"成分,包括但不限于图案设计(纹样基因)、美学特征(风格基因)以及制作工艺(技法基因)。值得注意的是,这里所指的"基因"并非生物学意义上的 DNA 序列,而是用来形象化描述文化组成要素的一种比喻,旨在强调这些元素对于维持和发展特定文化的重要性及其相互之间的联系。构建这样的"文化基因图谱",不仅有助于深化对某一文化现象的理解,还为后续的数据标注、检索以及文化模型训练提供了坚实的基础。

4. 基因形态

基因形态为"颗粒式",是构成文化资源的基本单元,这些基本单元可以是多种形式的文化产物或内容,每一种都承载着特定的文化信息和意义。文化基因的颗粒化形态包括但不限于一份研究报告、一篇故事文章、一段音乐曲调、一张数字照片、一段视频图像等。

以济南章丘三德范村的"扮玩"为例。章丘三德范村的"扮玩"是一种独特的民间表演艺术形式,是年节庆祝仪式,它结合了戏剧、音乐和工艺美术等多种元素。分析"扮玩"的基因形态,可以按照以下形态来梳理。

一份研究报告:题目为《三德范村"扮玩"活动的历史与现状研究》,介绍"扮玩"活动的起源和发展，描述"扮玩"活动中的传统组织体系，如武术社团、家族组织等，分析"扮玩"活动在凝聚社区、传承文化、强化地方认同等方面的作用，探讨政治变革和社会转型对"扮玩"活动的影响，以及它如何适应现代社会的变化。

一篇故事文章：三德范村广泛流传着"三德范村大闹博山县"的故事，该故事讲述了三德范村扮玩队伍在博山县整整表演80天，离开时被博山县令与博山人民竭力挽留的往事，展现出该村的集体自豪感。

一段音乐曲调："扮玩"的标志性节目是芯子，芯子表演多涉及戏文，如《哪吒闹海》《白蛇传奇》等，而且配以节律鲜明的锣鼓音乐，在基因形态记录时，可以将这些音乐录制保存。

一张数字图片：拍摄高质量的照片能够捕捉到三德范村芯子表演中的关键瞬间，如演员的服装细节、道具制作工艺以及观众的反应等。

一段视频影像：录制完整的三德范村芯子演出视频，不仅可以全方位地记录整个表演过程，还能够保留声音、动作和场景的动态特征。视频资料对于教学、研究以及未来可能的文化复原工作都具有重要价值。

以上五种形式的记录，可以全面地记录和保存三德范村"扮玩"活动的文化内涵和外在表现，为后续的研究、传承和推广提供丰富的资料。

5. 基因集成

为了更好地保护和传承齐鲁地区的文化遗产，根据浙江的成功经验，齐鲁文化基因解码利用工程计划建设一个齐鲁文化基因数据库。该数据库将系统地收集、整理并存储齐鲁地区丰富的文化资源，包括但不限于历史文献、艺术作品、民间传说、音乐曲调等。在此基础上，将探索构建齐鲁文化大模型，利用先进的数据处理和人工智能技术，对这些文化基因进行深度分析和应用。建立齐鲁文化基因数据库是为了更好地管理与合理利用。为此，本工程探索并建立一套完善的法律框架。具体来说，这包括以下几个方面。

（1）文化数字资产管理。明确文化数字资产的所有权归属、使用权分配以及管理责任。通过制定相关法规和标准，确保数字资产在采集、存储、使用和传播过程中的安全性和完整性。

（2）数据交易机制。探索建立合法的数据交易平台，规范数据交易流程，确保交易的透明度和公平性。同时，保护数据提供者和使用者的合法权益，防止数据滥用和侵权行为。

（3）规范化与法制化。基因解码后，如何管理这些数字资产需要规范化和法制化的保障。通过立法明确数字资产的权利归属，防止资产流失和侵权行为，确保文化数字资产的安全和可持续发展。

上述措施旨在构建一个健康、有序的文化数字生态系统，促进齐鲁文化的传承与发展，同时保障相关各方的合法权益。

6. 基因利用

本工程以实现利用为指向，将文化基因植入、嵌入各类创意创造中，赋能产品制造、业态打造、环境营造、模式再造、形象塑造、数字智造等，推动文旅融合、文化事业和文旅产业高质量发展。以浙江文化基因解码工程的基因利用为案例，可以更好地阐释如何将文化基因植入、嵌入各类创意创造中。

在产品制造方面，浙江省的"宋城演艺"项目为我们提供了宝贵的参考。宋城演艺通过深入挖掘宋代历史文化，将其融入演艺节目中，创造出独特的文化体验产品。例如，《宋城千古情》演出不仅展示了宋代的历史故事，还通过高科技手段增强了观众的沉浸感。借鉴这一成功经验，山东可以基于文化基因数字库，开发类似的文化演艺产品，将齐鲁的历史故事和文化元素融入现代演艺形式中，提升产品的文化内涵和市场吸引力。

在业态打造方面，浙江省的"乌镇互联网国际会展中心"是一个成功的案例。乌镇不仅是一个古镇旅游目的地，还被成功打造为互联网国际会展中心，成为世界互联网大会的永久会址。这种创新的业态结合了传统文化与现代科技，吸引了大量游客和商务人士。山东的古镇古城可以借鉴乌镇的经验，结合本地的文化特色，打造类似的综合性文化中心，举办各类文化活动和展览，推动文化产业的发展。

在环境营造方面，浙江省的"良渚古城遗址公园"提供了范例。该遗址公园通过对遗址的保护和展示，成功营造了一个集考古、教育、旅游于一体的综合环境。游客可以在参观过程中深入了解良渚文化，感受历史的魅力。山东拥有大量的遗址公园，可以利用文化基因数据库中的信息，通过现代化的展示手段，让游客在互动体验中了解齐鲁的历史文化。

在模式再造方面，浙江省的"特色小镇"发展模式值得学习。浙江省通过打造一系列具有鲜明特色的小镇，如云栖小镇（云计算）、梦想小镇（创业孵化）等，成功推动了地方经济的发展。这些小镇不仅具备独特的文化特色，还引入了先进的产业模式。山东可以参考浙江的特色小镇模式，结合本地的文化资源，打造具有地方特色的文化小镇，促进文化旅游和相关产业的发展。

在形象塑造方面，浙江省的"杭州城市品牌"是一个典范。杭州通过打造"智慧城市"和"历史文化名城"的双重形象，成功提升了城市的知名度和吸引力。杭州的城市品牌不仅体现在现代化的城市建设上，还体现在对传统文化的传承和发扬上。

在数字智造方面，浙江省通过建设数字博物馆，将大量的文物和文化遗产数字化，提供在线展览和虚拟参观服务。这不仅方便了公众获取文化信息，还促进了文化遗产的保护和传播。山东也可以建立类似的数字博物馆，利用文化基因数据库中的数据，提供丰富的在线文化内容，增强文化的传播力和影响力。

上述案例可以展现出文化基因的有效利用对于推动文旅融合、文化事业和文旅产业的高质量发展具有重要意义。

（二）项目实施的十条路径

山东省文化和旅游厅提出了"齐鲁文化基因解码利用工程"的总体规划，实施路径清晰明确，涵盖了从文化资源的标识化到数据安全法治化的十个关键步骤。这一系统性的框架不仅为齐鲁文化的活化提供了科学指导，而且为其他地区开展类似的文化遗产保护工作树立了典范。

1. 文化资源标识化

齐鲁文化底蕴深厚、精彩纷呈，其文化标识多样且丰富。诸如孔子、孟子、管子、孙子等历史人物，以及鲁班、墨子、扁鹊、东方朔、晏婴等，均是齐鲁文化的重要代表。此外，曲阜文化、泰山文化、齐文化、运河文化、以及泉文化、水浒文化、海洋文化等，也是齐鲁文化的显著标识。具体的文化元素如风筝、鲁锦、蛋壳黑陶等手工艺品，以及"泰山日出"、"黄河入海"、夏津的古桑树等自然景观，同样是齐鲁文化的重要组成部分。

在文化资源标识化的过程中，重点不在于进行资源普查或标识评选，而在于识别和利用那些能够在当代被活化并加以应用的文化标识。无论其规模大小，只要能够被有效利用，都应成为基因解码的对象。根据其特征，这些文化标识大致可以分为以下四大类。

（1）物质要素，包括原料、工具、环境等。例如，鲁锦的制作材料、工艺工具，以及相关的地理环境，都是构成其文化基因的重要物质基础。

（2）精神思想要素，涵盖思想观念和群体性格。儒家思想、兵家智慧、工匠精神等，反映了齐鲁地区人民的精神风貌和价值观念。

（3）语言与符号要素：语言方面，山东梆子、柳子戏等地方戏曲需用方言表演，方言是其发展传承的关键基因；符号则包括图形、标志、表情、动作、声音等，如传统纹样、戏剧脸谱、民间传说中的特定动作等。

（4）制度规范要素，分为法律法规、礼节礼仪、工艺技艺等。例如，古代的礼制、现代的地方性法规，以及传统的手工艺流程等，都是制度规范的具体体现。

试点工作可以从上述类别中选取最具代表性且易于利用的某一个或几个文化标识着手。

2.标识解码基因化

对四大要素（物质要素、精神思想要素、语言与符号要素、制度规范要素）的标识，可以为解码对象找到几条到十几条不等的文化因素。从这些因素中，进一步选取最具特异性、核心性和根源性的一条或几条，并加以组合，从而形成文化基因。文化基因的提取过程主要包括以下三个步骤。

第一步是筛选。在众多的文化要素中，筛选出具有特异性和根源性的因素。这一阶段的关键在于识别那些能够代表齐鲁文化独特性和根本特征的元素。

第二步是研究。对筛选出的文化要素进行深入研究，分析它们之间的关联性，找出其特点和规律。这一步骤要求系统地考察各个文化要素的历史背景、社会功能以及在当代生活中的表现形式。通过跨学科的研究方法，如历史学、人类学、社会学等，揭示各要素之间的内在联系，理解它们如何共同构成齐鲁文化的独特面貌。

第三步是按照由浅入深、由表及里、去伪存真的原则，提取核心基因，找到可复制、可利用的文化因素。这一步骤强调从复杂多样的文化现象中提炼出最本质、最具代表性的文化基因。在提取过程中，需要综合考虑文化要素的历史传承、现代价值和社会影响，确保所提取的文化基因既具有学术意义，又具备实际应用价值。

3. 基因标注数字化

解码出来的文化基因必须进行标注，这是非常核心的环节。没有标注，解码出来的文化因素就如同碎片，难以系统化管理和有效利用。标注的过程类似于为汽车编排车牌号，每一条文化基因都应有其唯一的标识符，便于识别和管理。这一过程需要统一的标准，以确保数据的一致性和可操作性，这也是试点单位共同研究的重点问题。标注是将解码后的文化因素（包括图片、文字、视频、音频等）赋予唯一标识符的过程。

为了确保标注的有效性和一致性，需要制定一套统一的标注标准。这些标准应包括但不限于以下几个方面。一是标识符格式，定义标识符的格式和规则，例如使用数字、字母或特定符号的组合，确保每个标识符都是唯一的且易于识别。二是元数据规范，为每条文化基因添加详细的元数据信息，如名称、描述、来源、时间、地点、类型等，以便于全面记录和理解。三是分类体系，建立系统的分类体系，将文化基因按照不同的维度进行分类，如按内容类型（图片、文字、视频、音频）、按文化领域（历史、艺术、民俗等）、按地域分布等。四是关联关系，定义文化基因之间的关联关系，如父子关系、并列关系、交叉引用等，以便于构建复杂的数据网络。五是版本控制，对标注信息进行版本控制，记录每次修改的历史，确保数据的完整性和可追溯性。

4. 数字登记版权化

版权登记在数字时代显得尤为重要和必要，尤其是在保护数字作品的版权方面。由于数字技术的发展，传统版权保护机制面临新的挑战，数字作品的版权有时不能得到充分保护，著作权人的权益经常受到侵害。此外，许多网民的版权保护意识不足，导致产业链不完善，无法进行正常的产业循环。因此，山东省文化版权交易中心及各市县的版权部门需要在这方面积极探索，提供支持。

5. 版权集成平台化

版权平台化建设是基于产业链的整体优化，旨在提供端到端的数字化优质体验和差异化服务。这一过程不仅能够保持运营的效率和灵活性，还能显著降低供需双方的交易成本。加强版权平台化建设的目标是将平台打造成为一个资源丰富、品种齐全、便捷服务的"版权大超市"，从而推动版权管理的公开、透明、规范和高效。

版权平台化的建设是一个综合性的过程，涉及多个方面的创新和发展。首先，服务创新是平台化的核心，通过引入先进的数字技术和服务模式，为用户提供更加便捷和高效的版权登记、查询、交易等服务。例如，利用区块链技术确保版权信息的不可篡改性和透明度，提高用户的信任度。

其次，模式创新是平台化的重要支撑。平台应探索新的商业模式，如版权众筹、版权预购等，以满足不同用户的需求。同时，平台还可以通过数据分析和智能推荐系统，为用户提供个性化的服务，增强用户体验。

体验创新则是提升用户满意度的关键。平台应注重用户界面的设计和交互体验，使用户能够轻松地进行版权相关操作。此外，平台还应提供多渠道的支持和服务，包括在线客服、自助服务等，确保用户在使用过程中遇到问题时能够得到及时的帮助。

运营创新则涉及平台的日常管理和维护。平台应建立一套完善的运营体系，包括数据管理、内容审核、用户管理等，确保平台的稳定运行。同时，平台还需要定期进行系统升级和功能优化，以适应不断变化的市场需求和技术进步。

组织创新则是保障平台持续发展的基础。平台需要构建一个灵活高效的组织架构，鼓励跨部门合作和创新思维。通过设立专门的创新团队，不断探索新的业务机会和服务模式，推动平台的持续发展。

6. 平台赋能公益化

实施文化基因解码和利用的目标是弘扬齐鲁优秀文化，让更多的人了解、喜欢并推广这一丰富的文化遗产。为此，平台建设不仅应包括版权平台，还应涵盖展示平台，以提供全方位的服务。平台建成后，不能将营利作为唯一目标，而应积极主动地提供公益化服务内容，有效满足行政管理、宣传推广、公共服务等多方面的需求。

平台的公益化使命在于通过数字化手段,保护和传承齐鲁文化,使其在现代社会中焕发新的活力。首先,平台可以为公众提供一个便捷的信息渠道,让他们能够轻松访问和了解齐鲁文化的各个方面。例如,通过在线展览、虚拟博物馆等形式,用户可以随时随地欣赏到齐鲁地区的文物、艺术品和历史文献,感受其深厚的文化底蕴。

其次,平台可以支持教育和研究工作。通过提供丰富的数字资源和工具,平台可以帮助教育机构和研究人员开展深入的文化研究和教学活动。这不仅有助于学术界对齐鲁文化的进一步探索,还能促进文化知识的普及和传播。

最后,平台还可以在宣传推广方面发挥重要作用。通过多媒体内容的制作和传播,平台可以向更广泛的受众展示齐鲁文化的独特魅力。例如,制作高质量的纪录片、短视频、互动体验项目等,使更多人能够直观地感受到齐鲁文化的丰富性和多样性。

在公共服务方面,平台可以为政府和相关机构提供数据支持和决策依据。通过对文化数据的分析和挖掘,平台可以为政策制定者提供有价值的参考信息,帮助他们更好地规划和实施文化保护与发展项目。同时,平台还可以协助政府部门进行文化资源的管理和监督,确保各项工作的透明度和规范性。

7. 公益助推市场化

为了实现健康且可持续的发展模式,应当采取一种结合公益性质与市场化机制的策略。例如,金东、歌尔以及文旅云三家机构被指定为先行示范单位,在这一框架下,它们将在探索市场化运作方面发挥关键作用,并预期能够在一到两个特定领域内取得显著进展。

齐鲁文化基因解码工程的试点单位为政府机关和公共事业单位,这些机构的主要职责在于通过制定政策、提供指导、配置资源及实施激励措施来促进更多私营部门参与到这一进程中。这并不意味着上述机构将直接涉足商业活动或进行企业化经营,而是旨在发挥其作为推动者和支持者的角色,以激发市场的活力和社会各界的积极性。这样的分工明确了各参与方的角色,既确保了公共服务职能的有效履行,也为构建一个充满生机的市场环境奠定了基础。

8. 基因传播国际化

基因研究及其应用成果的国际传播应当通过传统媒体与新媒体的深度融合来加速实现，逐步构建一个线上线下一体化、内部宣传与外部传播相互联动的主流舆论格局，从而抢占信息传播的战略高地。此外，应充分利用旅游等渠道加强与不同国家和地区主流媒体之间的合作，这种合作不仅限于资源共享，还应涵盖平台和技术层面的交流协作，以拓宽传播途径。此举旨在增强对外文化交流的力度，促进齐鲁文化乃至更广泛的中国文化更好地走向世界，使全球更多受众能够了解和听到中国的故事以及山东的独特声音。通过这样的综合策略，可以有效提升文化的国际影响力，并为增进跨文化交流做出积极贡献。

9. 环环相扣标准化

标准化工作作为一项至关重要的基础性任务，在促进科技创新、支持产业发展、推动社会进步以及规范社会治理方面发挥着日益显著的作用。特别是在基因解码及其应用领域，每一个步骤都必须以高标准为先导，确保通过标准的引导和规范作用，实现各个环节之间的紧密衔接与协调一致，从而保证整体工作的系统性和有序性。

山东艺术研究院在前期关于基因标注的研究中已经取得了显著成效，这为进一步确立相关地方或行业标准奠定了坚实的基础。为了继续推进这一进程，应当积极争取将研究成果转化为正式的标准文件。这样做不仅能巩固现有成就，还能为后续的技术创新和应用推广提供明确的指导原则和技术规范。通过建立和完善标准体系，可以更好地支撑整个行业的健康发展，并在全球范围内增强中国在该领域的影响力和竞争力。同时，这也为跨学科合作提供了统一的语言和框架，有助于加速科技成果向实际生产力转化的速度，最终服务于更广泛的社会需求和发展目标。

10. 数据安全法治化

数据安全的法治化是确保基因解码及其应用过程中信息安全的基础。鉴于安全在这一领域的至关重要性，必须将安全视为不可逾越的底线。为此，需要持续强化安全意识，并构建一个健全的安全管理体系。这包括制定全面的安全策略和详细的工作预案，涵盖从数据收集、存储、处理到传输等各个环节。

通过采用先进的技术和管理措施，实现对整个流程的规范化管理，以确保所有操作均符合既定的安全标准。此外，还需建立健全的数据访问控制机制，加强内部审计和监控，定期进行风险评估与漏洞扫描，以及开展员工培训，提高全员对数据保护的认识和能力。

最终目标是形成一套完善的数据安全保障体系。这不仅能够有效防范潜在的安全威胁，还能为应对突发事件提供快速响应机制，从而保证基因解码及相关活动的安全性、规范性和有序性。

综上所述，"齐鲁文化基因解码利用工程"通过其精心设计的十条实施路径，构建了一个全面覆盖文化资源标识、基因解码、版权管理、平台建设、公益服务、市场运作、国际传播、标准化工作以及数据安全等多方面的综合体系。随着项目的逐步推进，将在弘扬齐鲁优秀文化、推动地方经济社会发展等方面发挥重要作用，同时也为中国乃至全球范围内的文化基因解码与利用工作提供宝贵的经验借鉴。

三、齐鲁文化基因解码利用工程的项目团队及工作方法

（一）项目试点分工及工作任务

第一批全省试点主要从山东省的文化和旅游系统中布局，包括 8 个专业试点和 2 个区域试点，都有各自的不同定位和任务。此次选定的 10 个试点单位覆盖了从公共文化到非物质文化遗产、从舞台艺术到古籍文献、从虚拟现实技术到大数据应用等多个领域，旨在探索并建立一套行之有效的文化基因解码模式。这一过程对于加强文化的创新性发展、推动文化产业的繁荣以及增强地方文化自信都有着不可替代的作用。因此，明确各试点单位的工作任务、确保试点工作有序推进，对实现文化资源的有效转化和社会价值的最大化至关重要。

山东大学艺术学院作为公共文化协同创新中心，要发挥资源、人才、学术优势，围绕构建文化基因库、推动解码成果应用两项核心工作，选择具有转化利用价值的文化基因，推动分批次实现"文化基因"的数字化、版权化，渐次实现公共文化领域资源的数字化、价值化、社会化转型。

山东省艺术研究院作为舞台艺术和美术协同创新中心，立足构建展示我省舞台艺术、美术成果的"文化基因库"，对全省重要艺术创作、重大艺术活动进行全过程收集、整理、编目、解码、应用，在全国率先打造舞台艺术、美术"文化基因解码"模式。

山东省文化馆（非物质文化遗产保护中心）作为非遗协同创新中心，深入挖掘非物质文化遗产内涵，对山东省最有代表性的非遗资源进行解析，结合全国非遗展等活动，让非遗资源"活"起来、供给"精"起来。山东博物馆作为文物协同创新中心，开展馆藏文物资源的信息采集、分析、解构重组工作，通过"文化标识—文化基因—文化元素"的抽丝剥茧，建设文物数字基因库，进而建设馆藏文物资源授权素材库，推动文物"活"起来。

山东省图书馆（省古籍保护中心）作为古籍协同创新中心，旨在深入挖掘古籍文化内涵，选择经典古籍中适合的文化基因符号有序解码、逐步推进，展现古籍文化基因解码的多样形式、丰富内容和深厚底蕴。

金东数创、歌尔创客作为虚拟现实协同创新中心，目标是加强三维建模、全息投影、体感互动等技术的应用，以新技术、新业态、新场景探索解码路径与全新形式，使文化内容可视化、形象化，推动文化基因创造演绎性转化、创新性传承。

山东省旅游推广中心作为旅游协同创新中心，主要任务是加强线上线下旅游资源整合，建立长效机制，采取不同形式，从品牌宣传、产品打造、素材整理、数字化应用等多个维度，全面展示齐鲁文化基因解码优秀成果，系统呈现旅游领域文化基因丰富内涵和有效转化利用场景。

山东文旅云智能科技有限公司作为大数据协同创新中心，充分利用大数据、人工智能、数据可视化等技术，打造齐鲁文化基因数据库和大数据中心，深度挖掘分类归集的文化基因，建立解码数据图谱和可视化分析图表，实现文化基因数据归集、梳理、分析、使用、跟踪"全流程，一条链"。

潍坊市作为市域协同创新中心，要突出地域特色，选取最具代表性的文化元素、文化标识、文化符号，整合力量，市县联动，加强文化资源标识化、数字化、版权化、资产化、标准化研究，推动解码成果有效转化利用，推出一系列示范性强、认同度高的创新项目，总结提炼可借鉴、可复制、可推广的经验做法，为全省文化基因解码利用工程提供借鉴。

齐河县作为县域协同创新中心，要发挥县域优势，着力做好梳理文化元素清单和研究发掘文化要素两大任务，在全面调研、普查、挖掘、记录、梳理基础上，精准把握文化基因及其形成、发展、变革的历史脉络，为进一步做好文化基因汇聚、提炼、解码、转化提供基础，助力精准精确解码、精细精致用文化基因。

（二）试点工作方法

为了确保齐鲁文化基因解码利用工程的有效推进，山东省文化和旅游厅提出了一系列的试点工作方法。这套工作方法旨在通过科学合理的步骤和措施，实现文化资源的深度挖掘、精准解码以及创新应用，从而推动山东文化旅游业的发展与升级。

（1）组建一个专班。各试点单位都要成立齐鲁文化基因解码利用工作领导小组，由主要领导亲自挂帅，并设立工作专班，抽调精干力量参加。

（2）建立一个智库。各试点单位要组织本行业、本系统优秀专家学者，组成基因解码利用工作专家智库，发挥好专家业务指导、参谋咨询作用。要多读书、多研究，读好用好专业著作和核心期刊有关文章，主动交几个数字化领域的专家朋友，勤交流、多碰撞，集思广益推动工作开展。

（3）制订一个方案。各试点单位在深入调研、分析论证的基础上，制订完善试点工作方案，依照方案推动工作开展。

（4）组织一次考察。实地考察是深入了解齐鲁文化传承现状的必由之路，能够避免闭门造车的情况发生。此类活动不仅能够拓宽参与者的眼界，提升其知识水平，还能够深入了解相关领域的实践方法与策略，从而为工作的有效推进提供更为坚实的基础。

（5）开展一次培训。对专班和智库专家进行培训，使大家了解这项工作的重要意义，明确工作的方式方法，为开展好工作打下基础。

（6）突破一个基因。试点工作于2024年底结束，除几个平台单位外，各试点单位要在一年多的时间内至少突破一个基因，为下一步拓展、深化打好基础。

（7）完成一次闭环。各试点单位要在年底前选取1~2个文化基因，从解码到标注、从标注到登记、从登记到利用，实现一个完整的工作闭环，蹚出新路子，打造"样板房"。

（8）搭建一个平台。平台建设主要是做好数据归集，为下一步转化利用打下基础。

（9）探索一组标准。各试点单位在解码和利用文化基因的同时，探索解码的标准、入库标准、标注标准等一系列相关的标准。

（10）试行一项制度。要着手制定数字资产管理和安全保障制度，确保各项工作有章可循、规范有序。

综上所述，通过组建专班、建立智库、制定方案、组织考察、开展培训、突破基因、完成闭环、搭建平台、探索标准、试行制度等一系列系统性举措，山东省文化和旅游厅旨在构建一套科学合理、可操作性强的文化基因解码与利用机制。此举不仅有助于深入挖掘和传承齐鲁文化的丰富内涵，同时也为推动地方文化旅游产业的创新发展提供了坚实的理论基础与实践路径。该工程的实施将为我国文化遗产的现代化转型提供有益的可资借鉴的经验，促进文化资源的有效转化与社会价值的最大化实现。

第三章 齐鲁文化基因的系统解码与识别

齐鲁文化基因解码利用的第一步是文化基因的解码与识别。此阶段需全面梳理并考察影响齐鲁文化基因形成与传承的地理环境、历史源流等多维度因素,进而分析齐鲁文化基因的独特属性。基于此,应制定一套科学的文化基因识别原则与分类方法,构建系统化的文化基因识别框架,作为标准化工具用于齐鲁文化基因的解码,最终形成详尽的齐鲁文化基因图谱。随后,依据所构建的文化基因图谱,进一步甄别文化基因的关键特性,评估其作为文化旅游融合资源的潜力,深入探讨齐鲁文化基因在当代社会中的多重价值与应用前景。这一过程不仅有助于加深对齐鲁文化的理解与认识,而且为其实现现代化转型提供了理论支撑与实践指导。

一、齐鲁文化基因形成的地理环境与历史源流

(一)地理环境

正所谓,一方水土孕育一方文化。山东,又称齐鲁大地,其地理位置的独特性对齐鲁文化的发展产生了深远影响。山东位于中国东部沿海,北接河北,南邻江苏、安徽,西连河南,东濒黄海、渤海,拥有1500多公里的海岸线、广袤肥沃的平原、纵横交织的江河和壮美的山川,这赋予了齐鲁文化独特的海洋与内陆相结合的特色。齐鲁文化在发展过程中不仅吸收了内陆的农耕文明,还融合了海洋文化的精髓,形成了"陆海相连,民庶物丰"的地理优势。

(1)山东拥有壮丽秀美的山川地貌。山地丘陵面积共约58870平方公里,

占全省面积的 37.45%。① 相较于其他省份的山川主要分布在省界之上，山东的山川分布在山东中部，使山东地势呈现中间高四周低的特征。整体来讲，突出的泰沂山系在中间，周围是广阔的丘陵和平原，形成了以山地丘陵为中心和骨架、平原盆地交错环列的地形大势。② 正是这种独特的地理结构，孕育了山东丰富的自然景观和人文遗产。泰山、沂山、蒙山、崂山、峄山、尼山、徂徕山等众多高山都是山东大地上兼具深厚历史文化底蕴与绝美自然风光的名山。

泰山，地处山东中部，面积 426 平方公里，海拔是 1545 米，是山东省境内海拔最高的山。泰山，又被称为东岳、岱山，被誉为"五岳之首"，是中华文明的象征之一。泰山以其壮丽的山势、厚重的形体、苍松巨石的烘托以及云烟的变化而著称。泰山日出、佛光等自然奇观也是泰山的重要标志。自古以来，泰山被视为国泰民安、风调雨顺、民族团结的标志，历代帝王将登临泰山封禅视为国家昌盛、政权稳固的象征。

沂山，被称为"东泰山"，位于山东潍坊市，《史记》曾记载黄帝封禅沂山。

蒙山，位于临沂市，是山东的第二高峰，曾是东夷文明的一部分，也是世界著名的养生长寿胜地，在蒙山附近发现了大汶口文化、龙山文化等遗址，历史上曾有"孔子登东山而小鲁"之说。

崂山，坐落于青岛东部，是中国海岸线上的最高峰，以山海相连、奇石异景以及道教文化而闻名天下。

这些巍峨而神秘的高山，是齐鲁文化基因形成的重要地理因素，孕育出了山东人民坚韧不拔、勇于攀登的精神特质。

（2）山东拥有优美漫长的海岸线和物产丰富的海洋资源。山东半岛三面环海，北临渤海、东部和南部是黄海，海域面积约 15.96 万平方公里，沿海滩涂约 3000 平方公里，岛屿 299 个，是海洋渔业发展的天然基地。山东海岸线总长 3791 公里，占全国海岸线的 1/6，仅次于广东省，居全国第二位。③ 这条

---

① 刘德龙等. 风情山东[M]. 济南：山东人民出版社，2008：2.
② 王修智. 齐鲁文化与山东人[M]. 济南：山东人民出版社，2008：8.
③ 王修智. 齐鲁文化与山东人[M]. 济南：山东人民出版社，2008：15.

漫长的海岸线适宜港口建设，如今拥有青岛港、日照港、烟台港等多个主要港口。

优越的自然条件也是海洋渔业、海盐产业及旅游资源开发的重要依托，黄海海域的海流平稳、水质清澈，是中国重要的渔业基地之一，山东是中国水产品产量最多的省，又被称为"海上牧场"。①

渤海是中国唯一的内海，海水较浅，蕴含着极其丰富的地下卤水资源，因此，山东是全国四大海盐产区之一。②

沿海城市青岛、威海、日照、烟台等都是闻名海内外的旅游城市，青岛栈桥、威海刘公岛、烟台蓬莱阁、日照万平口每年吸引了大量游客前来观光。

总体而言，山东的海洋是经济发展的重要资源，也是文化传承的重要载体，塑造了山东人民开放包容、勇于探索的精神。

（3）山东的水网密布，河流分布呈现出多样化的特点，其水系发达，自然河流的平均密度每平方公里在0.7公里以上。山东省陆域面积为15.58万平方公里，拥有1500多条干流长达10公里以上的河流，其中300多条河流最终流入海洋。这些河流分属于淮河流域、黄河流域、海河流域、小清河流域和胶东水系，其中包括黄河、徒骇河、马颊河、沂河、沭河、大汶河、小清河等重要河流。

黄河是中国的母亲河，在山东境内入海，在山东省的长度为628公里，占黄河总长度的11.5%。黄河从东明县入境山东，流经菏泽、济宁、泰安、聊城、济南、德州、滨州、淄博、东营等九市，在东营市垦利区注入渤海。1855年8月1日（清咸丰五年六月十九日），黄河在河南兰阳（今兰考）北岸铜瓦厢决口，改道后夺山东大清河入渤海。黄河带来的泥沙淤积肥沃了冲积平原的土壤，黄河水灌溉了沿黄的农田，促使山东成为中国重要的粮食产区、蔬菜产区。黄河沿线的湿地资源非常丰富，尤其是黄河三角洲湿地，形成了宽阔的湿地，浮游生物繁盛，极适宜鸟类集聚。这里已发现将近300种鸟类栖息，被称为"鸟类的国际机场"。黄河不仅带来了肥沃的土地和丰沛的湿地，而且孕育了齐鲁文化，在山东形成了独具特色的黄河文化。

---

① 刘德龙.风情山东［M］.济南：山东人民出版社，2008：16.
② 王修智.齐鲁文化与山东人［M］.济南：山东人民出版社，2008：15.

京杭大运河为人工开挖的河流，是华北与华南之间重要的运输通道。山东段京杭运河贯通于元代，为山东带来了繁荣的商贸漕运文化。明清时期临清、东昌府等城镇因运河而繁盛至极，至今沿岸仍留存着诸多文物古迹，如鳌头矶、钞关、山陕会馆等。

黄河、运河等河流不仅滋养了齐鲁大地，还灌溉出了黄河文化、运河文化、水浒文化、沂蒙文化等齐鲁文化基因中的文化元素。

（4）山东境内的湖泊众多，星罗棋布，以其独特的水域风光和深厚的文化底蕴，成为齐鲁大地上一颗颗璀璨的明珠。山东的湖泊总面积超过1000平方公里，主要分布在鲁中、鲁南和鲁西南地区，著名的湖泊有大明湖、微山湖、东平湖、东昌湖等。

大明湖位于济南市区，面积约为57.7公顷，是一处历史悠久的城市湖泊。大明湖的历史可追溯至北魏时期，由趵突泉、珍珠泉、黑虎泉等泉水汇聚而成，风光旖旎，植被丰茂。湖中的历下亭、铁公祠等古迹，承载着丰富的历史文化信息，历朝历代不少文人雅士在大明湖留下了墨宝和诗词。

微山湖是中国最大的淡水湖之一，面积约为1266平方公里，以其浩渺的湖面和丰富的渔业资源而闻名，微山湖的十亩荷花和水上渔村是一道亮丽而特别的风景。

东平湖是山东第二大淡水湖，位于泰安市，面积约为627平方公里，是"八百里水泊梁山"的遗存，《水浒传》的故事就是发生在东平湖及其周边。齐鲁文化基因中的水浒文化等都是在山东湖泊中滋养而生的。

（5）得益于得天独厚的地理位置和海洋、河流资源，山东成为连接东北亚和华东、华南地区的交通枢纽。历史上，一方面，沿海地区如青岛、烟台、威海等城市自古以来就是重要的港口和贸易中心，通过海路和陆路，山东与朝鲜半岛、日本以及内陆省份保持着密切的经济文化交流。另一方面，古代黄河具有航运价值，大清河、徒骇河更是重要的水运交通线，京杭大运河贯穿山东南北，极大地促进了南北物资的流通与文化交流。这条古老的水道加强了山东与江南地区的经济联系与文化交融，丰富了齐鲁文化的多样性。

现如今，山东省交通优势更为显著，除了青岛、烟台、日照等众多深水良港，省内铁路纵横交错，京沪、京九等主要干线贯穿省内，高铁网络遍布全省，并连接华北与华东。济南、青岛等城市拥有国际机场，航线覆盖国内外主要城市，空中交通便捷。这些地理环境、自然资源和交通优势，海洋与内陆文化的结合，促进了山东与外界的交流，为齐鲁文化带来了开放包容的文化特质。

综上所述，齐鲁文化的基因形成是一个复杂而多元的过程，它既受到了山东独特地理环境的影响，也与这片土地上的历史发展和人文活动紧密相关。山东的山川、海洋、河流和湖泊不仅塑造了齐鲁文化的自然风貌，还深刻影响了山东人民的生活方式和精神气质。这些地理环境因素共同作用，使得齐鲁文化在历史的长河中不断演变，形成了今天独具特色和魅力的文化体系。随着时代的发展，齐鲁文化将继续以其深厚的底蕴和开放的姿态迎接新的挑战和机遇，展现出更加丰富多彩的文化面貌。

（二）历史源流

何谓齐鲁文化？周朝时期，在山东这片土地上存在着两个诸侯国——齐国与鲁国，因此山东又被称为"齐鲁"。齐国与鲁国皆创造了灿烂的思想文化，真正深刻影响了中华文明核心思想内涵的形成，因此，山东的文化又被称为齐鲁文化。齐鲁文化的历史阶段可分为四个阶段：一是雏形阶段。东夷文化奠定了齐鲁文化的基础。二是形成时期。周朝时期，西周分封齐国与鲁国，春秋时期齐国与鲁国两个大国崛起，形成了齐文化与鲁文化两个迥然相异的文化体系。三是融合时期。战国至秦汉，齐文化与鲁文化合流，山东地区形成了儒家文化为核心的齐鲁文化。四是蓬勃发展时期。秦汉以来，齐鲁文化兼收并蓄、博采众长，在一次次民族融合、对外交流中蓬勃发展，最终形成了如今包容开放的齐鲁文化。

1. 雏形时期

齐鲁文化的历史背景可以追溯到远古时代，特别是与东夷文化和黄帝文化的交融。远古时期至西周时期分封齐国、鲁国，是齐鲁文化的孕育期。在这一时期内，位于黄河下游的炎帝及其后裔创造的东夷文化与位于黄河中上游的黄帝及其后裔创造的黄帝文化相互交流、融合，孕育出齐鲁文化。如今，在齐鲁大地上考古发掘出的北辛文化、大汶口文化、龙山文化，恰好完整展现出东夷文化的发展历史。东夷部族创造了东夷文化，东夷部族主要生活在远古时期至商代。

北辛文化是新石器时期的早期文化，属于母系氏族文化。北辛文化遗址主要分布在环鲁中南山地周围的多个地区，包括兖州、曲阜、泰安、平阴、长清、济南、章丘、邹平、汶上、张店、青州、莒县、临沭、沂南、兰陵和滕州等地。北辛文化因最早发现于江苏淮安青莲岗而得名青莲岗文化，后以滕州市官桥镇北辛遗址最为典型，遂重新定名为北辛文化。北辛文化的年代大约在公元前5400年至前4400年，其后发展为大汶口文化。北辛文化最为突出的标志是农耕文明的孕育，遗址中出土了石铲、鹿角锄、蚌镰等早期农具，并发现了粟、黍、稻等农作物的种子。除了农耕工具和种子，遗址中还出土了人工饲养的家猪骨骼、堆积的贝壳，可见家畜养殖、渔猎、采集等都是北辛文化农业生产的主要部分，体现了当时齐鲁大地上的农业发展已经到了较高的水平。

大汶口文化是新石器时代晚期的文化，主要分布在山东省的大汶河流域。大汶口文化遗址发现了大大小小不同的村落遗址，足以证明当时已有村落形成。大汶口的建筑以方形地面建筑为主，墓葬中普遍盛行随葬獐牙的习俗，葬式以仰身直肢葬为主。大汶口时期社会出现了贫富分化现象，许多墓葬中随葬有数量不等的牲猪，表明私有制已经出现。遗址出土了大量石器、陶器、玉器、骨器和牙角器等生产生活用具，陶器主要包括红陶、彩陶、灰陶、黑陶和白陶几种，由此可见，大汶口时期手工艺制作特别是制陶技艺水平较高，且当时人们已经有了审美追求。相较于北辛文化时期，大汶口时期的农业发展提高迅速，不仅种植了耐旱作物，还种植了喜湿热的水稻，并且三里河遗址中发掘出一座粮仓，可见粮食生产相当富足。

龙山文化泛指中国黄河中下游地区，约当新石器时代晚期的一类文化遗存，是铜石并用时代文化，因首次发现于山东省济南市章丘区龙山街道办事处而得名，距今4000~4600年。龙山文化除陶器外，还有大量的石器、骨器和蚌器等。当时人们以农业为主而兼营狩猎、打鱼、蓄养牲畜。大汶口文化出现的快轮制陶技术在龙山文化时期得到普遍采用，磨光黑陶数量更多、质量更精，烧出了薄如蛋壳的器物，表面光亮如漆，是中国制陶史上的顶峰时期。龙山文化时期，城乡分野明显，在日照两城镇龙山文化中发掘出规模庞大的城墙遗址。可见,大汶口时期,山东的城市已经出现,并且有了相当的规模。

与生活水平同步提高的是东夷部族的精神世界。东夷人崇拜鸟,喜欢以鸟为装饰,东夷习俗中存在着大量与鸟有关的内容。颜师古对《汉书·地理志》的注中曾描述东夷人"被服容止,皆像鸟"。大汶口遗址考古中发现,东夷女性的口中都含着一个石球或陶球,且一旦放入,永不取出。这一习俗,与商朝发端传说简狄吞鸟卵而生契的故事恰好吻合。

史料记载,东夷人性格豪爽勇武,以仁义著称。在大汶口遗址中出土了大量的酒杯酒器、石镞玉镞,可见东夷人对勇武和豪爽善饮的崇尚。孔子主张仁义,齐鲁文化也以仁义为鲜明特征,其实早在东夷文化时期,东夷人的仁义已闻名于世。《后汉书·东夷传》云:"夷者,柢也,言仁而好生,万物柢地而出。故天生柔顺,易以道御,至有君子、不死之国焉。"《说文解字》也云:"夷俗仁。"

综上所述,齐鲁文化的形成与发展深深根植于东夷文化和黄帝文化的交流与融合中,从北辛文化、大汶口文化到龙山文化,不仅见证了农耕文明的进步,而且体现了手工业、城市建设和精神文化领域的繁荣。东夷部族的仁义传统和对自然的敬畏之情,以及他们独特的艺术表达方式,共同构建了齐鲁大地丰富而独特的人文景观,成为中华文明宝库中的璀璨明珠。

2. 形成时期

西周时期,山东大地上分封了包括齐国、鲁国在内的十几个诸侯国。随着西周建立,周文化逐渐传播到黄河下游地区,齐、鲁两国在这一时期分别建立了各自独特的文化体系,即齐文化和鲁文化。

鲁国由周武王的弟弟周公旦之子伯禽所建立。鲁国的疆域主要在泰山以南的今山东省南部地区。起初,鲁国的疆域较小,有"封土不过百里"的说法。鲁国文化以礼乐文化和农耕文化为主要内容。鲁国陆续吞并了周边的极、项、须句、根牟等小国,并夺占了曹、邾、莒、宋等国部分土地,逐渐发展成为"方百里者五"的大国。在国力最强盛时期,鲁国的疆域北至泰山,南达徐淮,东至黄海,西抵山东定陶一带,其统治核心区大多位于今山东济宁市境内。鲁国是周礼的保存者和捍卫者,《左传》记载"周礼尽在鲁"。鲁国的自然气候、地理环境与国君意志决定了鲁文化的内容是农耕文化和礼乐文化。

伯禽来到鲁地之后,竭力革除东夷旧俗,移风易俗,以周礼来教化鲁国民众。《史记》的《鲁周公世家》中记载了鲁公伯禽移风易俗的故事:

> 鲁公伯禽之初受封之鲁,三年而后报政周公。周公曰:"何迟也?"伯禽曰:"变其俗,革其礼,丧三年然后除之,故迟。"①

从此,礼乐制度支配了鲁国社会。《史记》曾记载鲁地"犹有周公遗风,俗好儒,备于礼"。鲁国因重视农耕而形成了勤俭节约的民俗,因遵循周礼而形成崇尚道德伦理的民性。这些为以孔子为代表的儒家文化的诞生奠定了基础。鲁文化以周公及其后人为代表,注重传承周礼,形成了崇仁、重礼、尚德、贵和的传统。孔子在鲁国创立了儒学,以"仁"为核心,将礼乐文化提升为礼义之学,进一步丰富了鲁文化的内涵。孟子在继承孔子思想的基础上,更加注重民心对于江山社稷的重要作用,提出了"民为贵、社稷次之、君为轻"的思想。因此,鲁国因其对周礼的践行与发展,成为当时中国思想文化的重要中心。

齐国是姜姓诸侯国,由周武王的师尚父(姜子牙)所建立。齐国的疆域最初位于今天山东省的北部及河北省的西南部,东临大海,西南与莒国、杞国、鲁国等国接壤,北与燕国相邻,西与赵国、卫国相接。国都在临淄(今山东省淄博市临淄区)。到了春秋末年,齐国的疆域进一步扩展,东至海,西至黄河,南到泰山,北到无棣水(今河北盐山南)。

齐文化则以姜太公为代表,轻礼仪重法治,将周礼部分内容与当地东夷文化和民俗结合起来,注重发展经济、健全法制、增强实力。《史记》中同样记载了齐国保存齐地旧俗的故事:

> 太公亦封于齐,五月而报政周公。周公曰:"何疾也?"曰:"吾简其君臣礼,从其俗为也。"及后闻伯禽报政迟,乃叹曰:"呜呼,鲁后世其北面事齐矣!夫政不简不易,民不有近;平易近民,民必归之。"②

由此可见,齐国较多保存了东夷文化,相较于鲁国的循规蹈矩,齐国更

---

① (汉)司马迁.史记[M].北京:中华书局,1963:1524.
② (汉)司马迁.史记[M].北京:中华书局,1963:1524.

加重视追名逐利、豁达开放、能言善辩的社会风气。

不同于鲁国重视农桑的国政，齐国更加重视工商业。齐国自建国起，重工商，大力发展农业、渔业、盐业、纺织业，工商立国的政策为齐国的历代统治者所遵循。① 齐国很快成为富强的东方大国，据《战国策》记载，齐国都城临淄人口众多、经济发达、城市繁华至极：

甚富而实，其民无不吹竽、鼓瑟、击筑、弹琴、斗鸡、走犬、六博、蹴鞠者；临淄之途，车毂击，人肩摩，连衽成帷，举袂成幕，挥汗成雨；家殷而富，志高而扬。

齐国国力强盛、军事发达，最终成为雄踞东方的大国。

总体来讲，齐文化，以其开放包容的姿态，吸收四方之精华，形成了一种多元融合的文化特色。这种文化特质在齐国的政治、经济乃至社会生活中都有所体现，使齐国在春秋战国时期成为一个强大的国家。然而鲁文化则更加坚守传统，强调礼制和道德规范，这种守常克礼的文化特色，使鲁国在维护周礼和传统文化方面发挥了重要作用。

《史记·孔子世家》中记载了鲁定公十年（公元前500年）的夹谷会盟，这一事件成为齐文化与鲁文化思想交锋的一个缩影。在这次会盟中，齐国为了展示其文化的影响力，奏出了"四方之乐"，而孔子则以儒家的礼制观念，愤怒地指出："吾两君为好会，夷狄之乐何为于此！"这不仅反映了孔子对于礼的坚守，还映射出鲁文化对于传统礼制的重视，以及齐国对四方文化的包容和吸收。孔子的这一行为，展现了鲁文化在面对外来文化冲击时的坚定立场和文化自信。这一事件可以看到齐文化与鲁文化在价值观念、行为方式上的差异，以及这两种文化在中华文明发展史上的独特地位和作用。

3. 融合时期

战国时期，周王室统治衰微，各诸侯国争霸，中国也进入了思想文化"百家争鸣"时期。然而这一时期，学术文化的重点在齐鲁，这与齐国稷下学宫的成立密不可分。田齐统治者在齐国都城临淄一带，"立稷下学宫，设大夫

---

① 山东省地方史志编纂委员会.山东省志·民俗志：1840—2005[M].济南：山东人民出版社，2016：4.

之号，招致贤人而尊崇之"，人数曾多至数千人。①

稷下学宫作为战国时期百家争鸣的主要园地，汇聚了众多学派的思想精华，涌现了深刻影响中华文明发展史的思辨，如王霸之辩、义利之辩、天人之辩、人性善恶之辩、黄老之辩、礼法之辩。王霸之辩是关于由乱到治是实行王道还是霸道的问题。孟子主张重王道，轻霸道；而荀子则认为王霸可以兼容，以王道为本；管仲学派则主张王霸并举，具体情况具体分析。义利之辩讨论了道德行为与物质利益的关系。孟子强调义大于利，提出"舍生而取义""二者不可得兼"。荀子则认为应该先义后利，而管仲学派则认为义利并重。天人之辩是关于"天道"和"人道"，"自然"和"人为"关系的论争。孟子主张天道最大，天人合一，属于唯心主义。荀子则认为天行有常，人是天下最珍贵的，属于唯物主义。管仲学派则认为天人相交作用，互相影响。人性善恶之辩，孟子主张性善论，认为人的本性是善的。黄老之学是稷下学宫中极具影响力的思想之一，它将道家哲理和法家的政治主张相结合，以道家哲理论证法家政治，既提升了法家学说的理论深度，又使道家学说适应于当时社会发展的现实需要。礼法结合是荀子提出的"外儒内法"，将儒家的道德教化与法家的法治思想相结合，为即将出现的大一统帝国提供一个能够长治久安的治国蓝本。这些思想的激烈碰撞，在客观上促进了齐文化和鲁文化的交融。

汉朝建立后，齐文化与鲁文化逐渐从地域文化向主流文化过渡，成为国家统治者推崇的思想。以礼俗文化为代表的鲁文化日益成为统治者推崇的思想范本，包括齐文化在内的不符合礼乐文化的习俗逐渐被整合，向主流文化靠拢，一场"易青齐为邹鲁"的齐、鲁文化融合大幕被拉开。②

直至西汉时期，董仲舒"罢黜百家、独尊儒术"所强调的"儒术"，并非仅是鲁文化的"儒"，而是吸收了众多齐文化因素的"儒"，这一举措完成了齐文化和鲁文化的交融，最终形成了齐鲁文化独特的文化风貌。

《隋书》中曾记载，齐地百姓崇尚农耕与学业，生活勤俭节约，可见此时，齐鲁文化的融合已经完成：

---

① 刘德龙.人文山东［M］.济南：山东人民出版社，2008：33.
② 山东省地方史志编纂委员会.山东省志·民俗志：1840—2005［M］.济南：山东人民出版社，2016：5.

大抵数郡风俗，与古不殊，男子多务农桑，崇尚学业，其归于俭约，则颇变旧风。东莱人尤朴鲁，故特少文义。

此外，齐鲁文化还以儒道互补、多样性文化兼行并存为特色。儒家重人文化成，道家重自然纯朴，两者相辅相成，形成了中国文化内部的一种良性制约与平衡。同时，齐鲁文化还吸收了诸子百家的思想，如墨家、兵家、阴阳家等，形成了多样性文化并存的格局。

4. 蓬勃发展阶段

自秦汉以来，齐鲁文化融合并形成了延续至今的总体风貌。齐鲁文化的标志性特征是重视农桑、崇尚仁义礼节、提倡勤俭敦厚。但在总体风貌中，齐鲁文化并非一成不变、故步自封的，而是在历史中与其他地区的文化不断交流、兼容并蓄，最终形成既锐意进取、自强不息又崇尚仁义礼智信的现代齐鲁文化。齐鲁文化的交流融合主要分为两个部分：一是日常交流融合，特别是京杭运河贯通后，山东人与其他地区的民众交流频繁，取长补短；二是特殊历史事件中的快速交流融合，如山西洪洞移民、"小云南"移民、闯关东、鸦片战争后青岛开埠等。

山东西部与东部分别流传着不同的移民传说，分别是山西洪洞县大移民与"小云南"移民。

明朝初年，山东人口锐减，山西洪洞县大量移民流入山东。据文献记载，从今山西一带向黄河中下游的河北、河南、山东一带移民，起自明洪武六年（1373年），止于明永乐十五年（1417年），共18次。[①] 鲁西、鲁西北的多个村庄都流传着"问我祖先在何处？山西洪洞大槐树"的歌谣。除了山西洪洞移民，鲁西还流传着河北枣强移民的传说。明朝大移民是中国历史上规模空前的移民活动，这些移民为齐鲁文化带来了多样性，在交流融合过程中催生了全新的文化元素，例如洪洞移民带入山东的"梆子戏"或"泽州调"，自称枣强移民地区的民间工艺品泥塑等与枣强县风格相近。

胶东半岛广泛流传着"小云南"移民的故事。据调查研究结果，根据20世纪八九十年代地名普查，胶县（今山东省胶州市）803个自然村，云南

[①] 山东省地方史志编纂委员会. 山东省志·民俗志：1840—2005 [M]. 济南：山东人民出版社, 2016：10.

与"小云南"移民村落185个,占村落总数的23.04%。胶南县(今山东省胶南市)1104个自然村,云南与"小云南"移民村落306个,占村落总数的27.2%。崂山县(今山东省崂山区)676个自然村,云南与"小云南"移民村落372个,占村落总数的55.3%。即墨县(今山东省青岛市即墨区)1083个自然村,云南与"小云南"移民村落230个,占村落总数的21.24%。至今,胶东半岛不少习俗与"小云南"移民传说有着密切关联,如丧葬中送亡者回"去西南",如"解手"等方言习惯。战庆辉在《山东人与小云南》中写道:

> 凡老人病故,死者家属亲友,须于出殡前日深夜,到土地公庙为死者灵魂送行,恭送其回老家——云南,名曰"送盘钱",备有纸扎车马,冥纸金箔,使女夫役等,先将死者灵魂由土地公庙请出,名曰"拖魂"。由孝子背负送上马车,始由族中长者朗诵马票,类似今之护照、通行证,车马纸箔火化前,孝子要高声指路:"大道西南,一路平安。"以在山东看云南,恰是西南方向。①

但"小云南"移民传说中的"云南"是否为如今的云南省,仍存在诸多异议,有学者提出"小云南"或为河南固始县南②,或为云中之南的山西③。但无论是哪种,"小云南"移民确为齐鲁文化,特别是胶东沿海地区的文化带来了地域风貌。

山东人外出谋生也为齐鲁文化带来了新鲜血液。齐鲁文化向来重视安土重迁、读书取仕,但特殊历史时期,齐鲁文化赋予山东人的勇武豪爽就凸显出来。从清顺治元年(1644年)至"中华民国"时期,山东人纷纷迁徙至东北三省谋生,被称为"闯关东"。"闯关东"带来的文化交融分为两部分:一是山东人将齐鲁文化带去东北;二是山东人将东北文化带回山东,客观上促进了两个地区的文化交融。"闯关东"的人群中,约80%为山东人,他们将儒家文化的精髓带到东北,使儒家思想在东北成为主流。山东人从东北回归故里后,也带来东北的许多文化,例如秃尾巴老李传说、人参传说等。山东章丘朱家峪是"闯关东"大军出发的重要起点,如今此地已成为历史文化名村。

---

① 战庆辉.山东人与小云南[J].山东文献,1986(3):65-66.
② 吕伟达.福山移民史略[M].北京:中国文史出版社,2007:148.
③ 吕杨."小云南"探源[J].中国地方志.2006(7);中国明史学会,蓬莱市人民政府"小云南"蠡测.第十五届明史国际学术研讨会暨第五届戚继光国际学术研讨会论文集[M].烟台:黄海数字出版社,2013:287-292.

山东移民在东北地区形成的进取、拼搏、勤劳勇敢、艰苦奋斗的"闯关东"精神，也成为山东人民的精神财富，激励着山东人民积极进取、团结奋斗。

1840年鸦片战争之后，青岛、威海等沿海城市成为较早开埠的口岸，西方的文化、商品、科技从这些口岸源源不断地流入齐鲁大地，齐鲁文化也拥有了中西融合的特征。青岛、威海、潍坊、济南皆出现了大量的西式建筑，如青岛的里院、济南的老火车站与洪家楼大教堂等。西方的资本主义工厂经营模式进入山东后，加速了山东从传统农业社会向现代工业社会的转型，啤酒厂、纺织厂、机械厂等工厂，许多国际金融公司在青岛设立办事处、分支机构。由于国际市场的需求，青岛周边地区的农业生产开始转向出口导向型，种植更多的经济作物，如棉花、花生、烟草等。这些作物的种植面积扩大，农民收入增加。青岛等沿海城市的经济发展异军突起，齐鲁文化中的海洋文化特征更加鲜明。

1949年中华人民共和国成立以后，齐鲁文化在当代社会依然展现出极强的生命力。一方面，后李文化、北辛文化、大汶口文化、龙山文化以及夏商周三代以来孕育形成的优秀传统文化，构成了齐鲁大地上文化谱系完整、文脉传承发展的链条；558万余件可移动文物、3.35万处不可移动文物、186项国家级非物质文化遗产，构成了山东多姿多彩的文化赋存。[①]另一方面，社会主义核心价值观和革命文化在齐鲁大地扎根发芽，孕育出新时代的齐鲁文化，继续焕发着新的活力与时代意义。

二、齐鲁文化基因谱系图建构

齐鲁文化源远流长，历经数千年的发展演变。自上古时期的"东夷部族"发端，在周朝初年的封邦建国形成齐文化、鲁文化两大体系，至春秋战国时期的百家争鸣，再到秦汉以后的统一与繁荣，直到近现代以来的红色革命传统，齐鲁文化始终保持着包容力和创新力，在中华文明发展进程中发挥着重要的作用。在这一漫长的历史进程中，齐鲁文化不仅吸收了中原文化的精髓，还融合了周边多种文化的影响，最终形成具有地域特征的文化体系。这一文

---

① 赵琳,于新悦.文化"两创"海岱新：山东全面深化改革系列观察之文化"两创"篇[N].大众日报,2024-07-14（1）.

化体系以地域文化圈的形式展现,包括但不仅限于曲阜文化、泰山文化、黄河文化、海洋文化、沂蒙文化、运河文化等(如图3-1所示)。

本文依据文化基因解码的原则,从文化元素入手,按照物质要素、精神思想要素、语言和符号要素、制度规范要素四个方面,对齐鲁文化进行了深入挖掘研究、梳理阐释(如图3-2所示)。

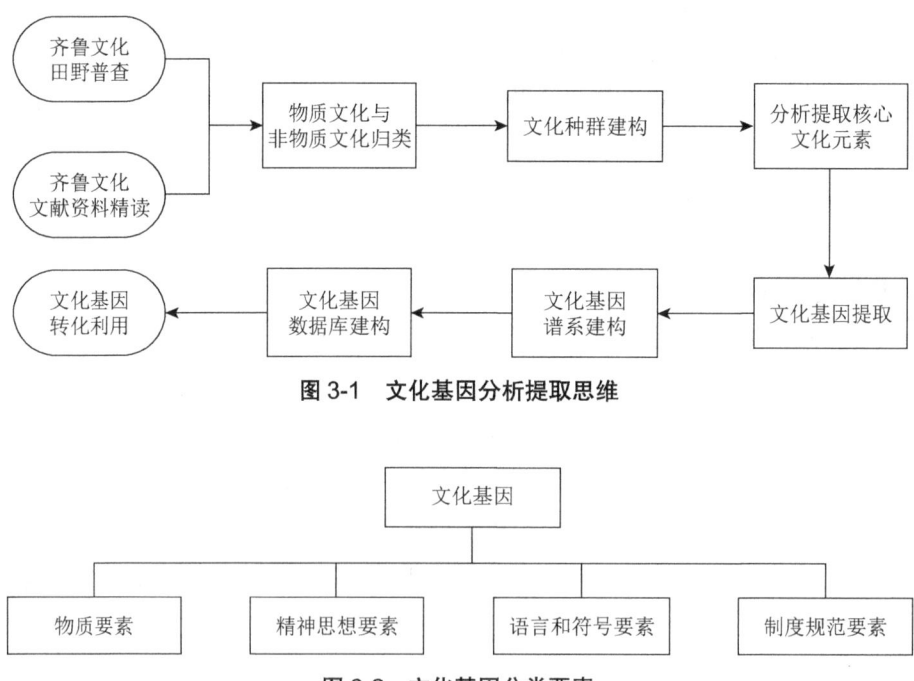

图 3-1　文化基因分析提取思维

图 3-2　文化基因分类要素

文化基因提取与解码的研究方法主要采用田野调查和文献分析两种方式。田野调查是人文社科研究中的主要研究方法,以实地考察、观察、访谈等方式深度了解地方文化、日常生活、民间文献等一手资料。本书通过对齐鲁文化的历史资料进行全面精读,以及对齐鲁文化进行全面的社会调查,研究人员能够尽可能详尽地识别出其中所有物质性和非物质性的文化元素。这些元素覆盖了广泛的文化遗产,包括但不限于文化遗址、地质景观、风俗习惯、经典典籍、文化艺术等。这些文化元素不仅数量众多,而且内容丰富,共同构建了齐鲁文化的独特面貌。

为了更有效地解码和识别这些文化元素，我们采用基于空间维度和类别性质的分析方法。空间维度指的是根据不同文化元素所处的具体地理位置或环境特征进行分类；类别性质则是按照文化元素的本质属性（例如物质性与非物质性）进行区分。这种方法有助于清晰地理解每个文化元素的特点及其在整个文化体系中的地位和作用。

通过进一步分析表明，我们可以把这些文化元素比喻为蛋白质，通过分类建构的方法，提炼出其核心组成部分——具有高度传播性和稳定性的因子，即所谓的"文化基因"。文化基因以颗粒状形式存在，便于将其嵌入各种创意制造过程，如旅游产品的研发、业态的创新、环境的营造、商业模式的重构、品牌形象的塑造及数字内容的生产等，从而促进文化和旅游业的深度融合与高质量发展。

本书依据文化基因解码工作的分类原则，并结合齐鲁文化的地域性特征，将齐鲁文化细致地划分为九个主要部分，具体包括黄河文化、运河文化、齐长城文化、海洋文化、曲阜文化、泰山文化、齐文化、沂蒙文化以及水浒文化（如图3-3所示）。每一种文化都从多个角度进行深入剖析，具体分类涵盖精神、历史、传说故事、民俗、艺术、信仰、人物、文物遗址、生态等方面（如图3-4、表3-1所示）。

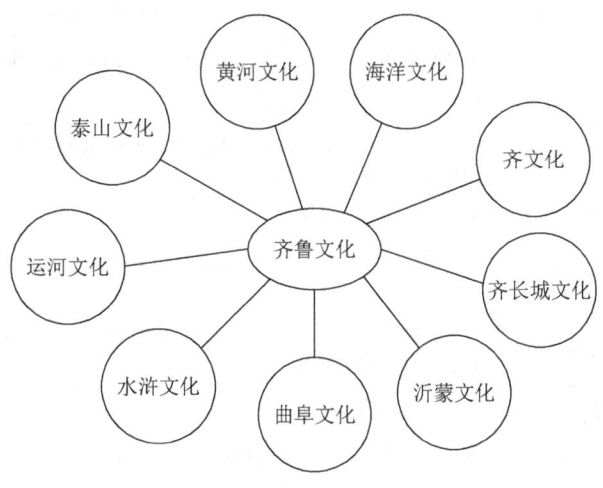

图3-3 齐鲁文化的分类

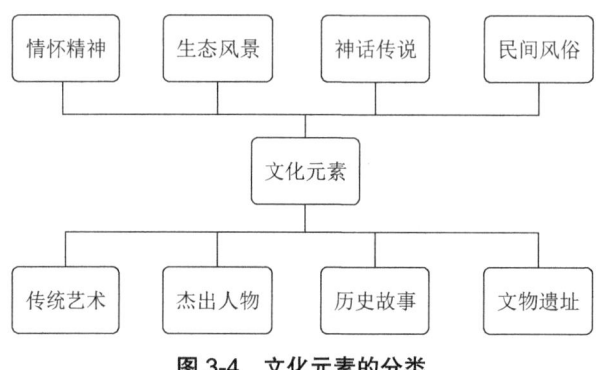

图 3-4 文化元素的分类

表 3-1 齐鲁文化分类展示

核心文化	要素分类	颗粒式文化基因（仅示例部分）
黄河文化	情怀精神	忠诚大义、勤奋务农、和谐生态、积极乐观
	历史故事	齐王田横的五百名追随者英勇殉难故事；黄河入海口滩涂垦荒故事
	神话传说	精卫填海；齐国"渤海之东，不知几亿万里，有大壑焉"等
	民间风俗	惠民县胡集书会、菏泽东明县"撅老四舞"、邹平"车子灯舞"、东营利津"虎斗牛"、商河鼓子秧歌等
	工艺美术	博兴蒲草编织的草鞋、龙山文化黑陶工艺、聊城东昌府木版年画等
	杰出人物	姜太公、管仲等
	文物遗址	黄河入海口盐业遗址群、泰安大汶口遗址、城子崖遗址等
	生态风景	济南百里黄河风景带、黄河入海口、东平湖三河六岸等
运河文化	情怀精神	包容、开放、创新、发展
	历史故事	明代冯梦龙在《醒世恒言》中描述了运河边的市井生活；明朝宋礼和白英主持修建南旺枢纽
	神话传说	鲁班修建聊城光岳楼等
	民间风俗	饮食文化：孔府菜、微山湖四孔鲤鱼菜、东昌烧鸡、沙镇呱嗒、德州扒鸡等
	民间艺术	鲁南花鼓、运河号子、渔灯秧歌、柳琴戏、华幡舞狮、东昌木版年画、东昌葫芦雕刻等
运河文化	杰出人物	靳辅、潘季驯、陈潢等
	文物遗址	聊城山陕会馆、临清钞关和鳌头矶、济宁古城墙与太白楼等
	生态风景	微山湖湿地公园、太白湖风景区、东昌湖风景区等

续表

核心文化	要素分类	颗粒式文化基因（仅示例部分）
齐长城文化	情怀精神	坚韧不拔、团结协作
	历史故事	齐桓公修建齐长城、田单破燕等
	神话传说	孟姜女哭长城、颜文姜传说、响泉传说、流苏仙女故事等
	民间风俗	齐长城战鼓、齐国古都祭孔仪式、淄博元宵灯会、扮玩等
	工艺美术	华艺雕塑、博山琉璃、莱芜锡雕等
	杰出人物	齐桓公、管仲、晏婴、田忌等
	文物遗址	长清齐长城遗址、淄博齐长城遗址公园、烽火台遗址等
	生态风景	淄博红叶柿岩景区、潭溪山风景区、鲁山国家森林公园等
海洋文化	情怀精神	锐意进取、自然和谐
	历史故事	郑和下西洋；齐国的海洋霸业，与朝鲜半岛、日本列岛开通海上航线；戚继光抗倭等
	神话传说	徐福东渡、蓬莱仙岛、"小云南"移民传说、崂山道士传说等
	民间风俗	山东渔民的油衣油裤、海草房、荣成祭海仪式、四方海云庵庙会（糖球会）等
	工艺美术	贝雕、海藻编织、海鸥羽毛画、盐雕、海螺号等
	杰出人物	邓世昌、丁汝昌、戚继光、于化虎、赵守福等
	文物遗址	烟台白石村遗址、即墨北阡遗址、蓬莱水城（登州港）等
	生态风景	长岛国家级自然保护区、烟台金沙滩旅游度假区、蓬莱阁风景区等
曲阜文化	情怀精神	仁义、礼仪、智慧、诚实
	历史故事	孔子因材施教讲学、孔子杏坛讲学、鲁哀公问政等
	神话传说	孔子诞生传说、孔府神树传说、孔林神鹿传说、鲁班指导曲阜城建设的故事等
	民间风俗	孔府家宴、祭孔大典、孔庙祈福、林门古会、七夕巧果花供等
	工艺美术	孔府印谱、孔府书画、孔府收藏粉彩瓷器、孔府使用家具等
	杰出人物	孔子、孔府家族、颜回、孟子、曾子等
	文物遗址	孔府、孔庙、孔林等
	生态风景	尼山圣境、泗河国家湿地公园、石门山国家森林公园、九仙山风景区等

续表

核心文化	要素分类	颗粒式文化基因（仅示例部分）
泰山文化	情怀精神	攀登精神、国泰民安
	历史故事	武则天李治封禅泰山、汉武帝封禅泰山等
	神话传说	石敢当故事、姜子牙封黄飞虎为东岳泰山天齐仁圣大帝的故事
	民间风俗	泰山东岳庙会、泰山石敢当崇拜、王母池泉水治病
	民间艺术	泰山皮影、泰山面塑、泰山杨氏葫芦雕刻等
	杰出人物	颜回、曾参、柳下惠、师旷、左丘明、扁鹊等
	文物遗址	岱庙、泰山、徂徕山、泰安城前村燕语城遗址等
	生态风景	泰山日出、泰山桃花峪等
齐文化	情怀精神	变革、开放、务实、包容
	历史故事	齐桓公"尊王攘夷"、稷下学宫"百家争鸣"、齐湣王称"东帝"等
	神话传说	孟姜女哭长城、临淄白神庙传说、淄川涌泉传说等
	民间风俗	盖屋上梁大吉习俗、"齐地八神"崇拜、姜太公祠祭祖等
	民间艺术	蹴鞠文化、淄博花灯等
	杰出人物	齐桓公、鲍叔牙、管仲、孙武、田单、齐威王等
	文物遗址	稷下学宫遗址、高青县陈庄西周早期城址、殉马坑等
	生态风景	齐都花海风景区、齐山风景区等
沂蒙文化	情怀精神	党群同心、军民情深、水乳交融、生死与共
	历史故事	"乳汁救伤员"、孟良崮战役、渊子崖战斗等
	沂蒙名言	沂蒙人民说："最后一口粮做军粮，最后一块布做军装，最后一床棉被盖在担架上，最后一个儿子送战场"；陈毅元帅说："淮海战役是山东人民用小车推出来的""我进了棺材也忘不了沂蒙人民，他们用小米养育了革命，用小推车把革命推过了长江。"
	民间风俗	临沭县朱村红色年俗，大年初一第一碗水饺不敬祖先敬献革命烈士
	民间艺术	沂蒙挑花、沂蒙面塑、沂蒙小棉袄、小郭泥塑等
	杰出人物	王换于、沂蒙六姐妹等
	文物遗址	沂蒙红嫂纪念馆、鲁南革命烈士陵园；沂蒙典籍、沂蒙档案、沂蒙史志等
	生态风景	蒙山沂水、沂蒙景区景点等

续表

核心文化	要素分类	颗粒式文化基因（仅示例部分）
水浒文化	情怀精神	反抗压迫、忠义观念、智慧勇猛
	历史故事	梁孝王游猎梁山等
	神话传说	"入云龙降服龟将军"的故事、"万历搬砖建飨堂"的故事
	民间风俗	梁山功夫、水浒文化节、四月初八庙会等
	工艺美术	梁山剪纸、梁山灯戏、梁山绣花鞋等
	杰出人物	宋江、鲁智深、武松、林冲等水浒好汉
	文物遗址	青堌堆遗址、景阳冈等
	生态风景	东平湖、水泊梁山风景区等

三、齐鲁文化的历史地位及其现代价值

学界普遍认为，齐鲁文化是中华文明的主干和核心，在中华文明发展历史上处于至关重要的地位。孟祥才认为，齐鲁文化之所以能在中华文化中占据如此重要的地位，在于齐鲁文化实现了从地域文化向主流文化的转变。"各个地域或同时或次第绽开的文明之花，逐渐发展成内容与形式各有异同的面积较小的地域文化。在这些地域文化中，只有齐鲁文化经过先秦两汉时期的发展，完成了由地域文化向主流文化的转变。其他地域文化只是作为文化的因子融入了主流文化。"[①]

齐鲁文化能够实现主流文化的转变，归根结底来自两大方面。

一是齐鲁大地，这片古老的土地，自古以来就是中华文明的发源地之一。历史学家安作璋将齐鲁地区定义为秦汉以前的中国早期文明史中的"中国最高文化区"[②]，这不仅是因为这里保存了大量的考古遗址和历史文献，更因为这里是许多古代帝王和圣贤活动过的地方。大汶口文化遗址位于山东省泰安市，它的发现揭示了新石器时代晚期的社会面貌。这里出土了大量的精美陶器、骨器和玉器，展示了当时人们的生活方式和技术水平。然而龙山文化遗址则

[①] 孟祥才，胡新生.齐鲁思想文化史：从地域文化到主流文化[M].济南：山东大学出版社，2005：1.

[②] 么新鹤.齐鲁文化的形成、地位与精神综述[J].山东省社会主义学院学报，2018（3）.

位于山东省济南市章丘区,以制作精良的黑陶著称,体现了远古时期高超的手工艺技术。这些考古发现,连同《史记》等古籍中关于尧、舜、禹以及伊尹等古代圣贤在齐鲁大地上的活动记载,共同勾勒出中华文明早期辉煌的画卷。

二是齐鲁大地不仅是中华文明的摇篮,还是儒家文化的发源地。孔子、孟子等伟大的思想家均出自此地。儒家学说强调"仁爱""礼义""孝悌"等核心价值观,这些理念不仅深深根植于中国传统文化之中,还对中国乃至东亚其他国家和地区产生了深远的影响。孔子的思想将传统的政治与道德观念提升到一个新的高度,赋予了齐鲁文化以灵魂。孟祥才认为:"由于孔子站在前所未有的理论高度上将传统的政治与道德思想提升到一个新的境界,因而给齐鲁文化注入了新的灵魂。有了儒家学说,齐鲁文化才真正具有了民族、地域的超越性,才真正能够担负起领导中国文化的历史使命。"[①]儒家思想不仅塑造了中国社会的基本伦理框架,还为后世留下了丰富的文化遗产,如《论语》《孟子》等经典著作。

山东地区不仅在古代就有着深厚的文化底蕴,而且在历史上一直保持着思想文化的繁荣与创新。西汉时期,董仲舒提出的"天人感应""大一统"等思想,以及他倡导的"罢黜百家、独尊儒术"的政策,确立了儒家学说在中国封建社会中的主导地位。东汉末年的郑玄,则通过对《诗经》《礼记》等儒家经典的详细注解,进一步推动了儒家思想的传播和发展。唐代的韩愈和宋代的李清照分别在散文和诗词领域留下了杰出的作品,成为中国文学史上的璀璨明星。清朝的蒲松龄以《聊斋志异》而闻名,这部作品不仅是中国古代短篇小说的典范,还对后来的文学创作产生了重大影响。

到了近现代,齐鲁文化仍然保持着经世致用、改革创新的精神内核。山东同样也是中国革命的重要根据地之一。早在大革命时期,山东就涌现出一大批革命先驱,如王尽美、邓恩铭等,他们积极参与党的创建和早期活动。抗日战争期间,沂蒙山区被誉为"山东的小延安",无数英雄儿女在这里浴血奋战,谱写了壮丽的抗战史诗。解放战争时期,山东人民全力支援前线,为全国解放作出了巨大贡献。1949年中华人民共和国成立后,齐鲁文化更是在

---

① 孟祥才,胡新生.齐鲁思想文化史:从地域文化到主流文化[M].济南:山东大学出版社,2005:5.

党的领导下，吸收、传承、发扬了中国特色社会主义文化，成长为新时代的齐鲁文化。

如今，齐鲁文化仍然是中华民族现代文明的重要组成部分，在中国现代化建设和中华民族伟大复兴的道路上，仍然发挥着不可或缺的作用。其当代价值主要体现在四个方面。

一是文化方面。齐鲁文化的基本精神是与中华民族精神相一致的。[①] 齐鲁文化具有仁民爱物的基本价值取向，追求天下一统的大同精神，和而不同的和合精神，自强不息、奋发有为的进取精神以及开放兼容的理论品格。[②] 这一文化内核对现代社会的道德建设和精神文明具有重要意义。

二是社会治理方面。齐鲁文化中"为政以德""和为贵"等理念为现代社会治理提供了宝贵的参考。在社会治理实践中，重视道德教化，推行德治与法治相结合的原则，能够有效减少社会矛盾。此外，"和为贵"的思想强调通过对话协商解决分歧，维护社会和谐稳定。当前，随着经济社会快速发展，各种利益诉求日益多样化、复杂化，如何妥善处理好各方面关系，成为摆在各级政府面前的一项艰巨任务。借鉴齐鲁文化中的治理智慧，有助于营造良好的社会氛围，增强民众对政府的信任感，进而促进社会公平正义，提升社会治理效能。

三是旅游发展方面。齐鲁大地不仅自然风光旖旎，而且文化底蕴深厚，是国内外游客向往的目的地之一。以曲阜的孔庙、孔府、孔林为代表的"三孔"景区，不仅是儒家文化的重要象征，还是研究中国传统文化不可多得的活化石。泰山作为世界自然与文化双重遗产，每年吸引成千上万的游客前来朝拜游览。除此之外，还有青岛的海滨风光、济南的泉城美景等地标性景点。丰富的旅游资源不仅促进了当地旅游业的发展、增加了就业机会、提高了居民收入水平，同时也促进了相关产业链条的成长壮大，如酒店住宿业、餐饮服务业、手工艺品制造业等。更重要的是，通过文化旅游活动，可以让更多人了解齐鲁文化的精髓，感受其独特魅力。

四是国际文化交流方面。在全球化的今天，加强国际文化交流已成为增

---

① 于志平，陈立明.齐鲁文化及其现代价值［J］.中央社会主义学院学报，2007（1）.
② 于志平，陈立明.齐鲁文化及其现代价值［J］.中央社会主义学院学报，2007（1）.

进各国人民相互了解、推动世界和平与发展的重要途径之一。齐鲁文化作为中华优秀传统文化的重要组成部分，借助孔子学院等国际化平台，正在逐步走向世界舞台。截至目前，已有超过五百所孔子学院分布在全球各大洲，它们不仅教授汉语语言课程，还开展丰富多彩的文化交流项目，如书法展览、茶艺表演、中医讲座等。通过这样的方式，越来越多的外国人开始接触并喜爱上了中国文化，尤其是儒家思想中所蕴含的人生哲理与处世原则。这不仅有利于提升中国软实力，扩大中华文化在全球范围内的影响力，还为促进不同文明间的对话交流搭建了桥梁。

总之，齐鲁文化在新时代背景下依然展现出旺盛的生命力，无论是在文化建设、社会治理、旅游经济还是国际交往等方面都有着不可替代的作用。解码齐鲁文化基因，是深度了解、认知齐鲁文化，合理利用齐鲁文化的重要举措。

第四章 文化基因数据库建设:"沿着黄河遇见海"文旅数据库

齐鲁文化基因解码利用的第二步是建设文化基因数据库。山东省旅游推广中心对于文化基因数据库的攻坚目标是建立"沿着黄河遇见海"文旅数据库。这一数据库的建设,首先聚焦于资料的梳理与收集,通过联动全省各地市文旅局系统性地甄选沿黄河和沿海地区的优质文旅资源;其次对收集到的图片和视频素材进行细致的整理与标注,确保每一份材料都能够准确归类并便于检索;最后构建一个多层次的素材管理系统,不仅支持素材的高效管理和快速检索,还通过智能推荐系统提供个性化的素材推荐服务。这一举措有助于深入挖掘和展现山东丰富的黄河文化和海洋文化,促进了文旅资源的数字化转型和信息化表达,提升齐鲁文化基因文旅融合的优质内容生产能力,为山东文化旅游的品牌塑造和市场拓展奠定坚实的基础。

一、"沿着黄河遇见海"文旅数据库建设目标

随着数字技术的快速发展,文化和旅游的深度融合成为推动文化产业转型升级和高质量发展的关键。齐鲁文化基因解码利用工程的重要方面就是建立文化基因数据库,旨在通过系统的文化资源解码、数据化、资产化,促进文化资源的有效利用和价值转化。目前,建立文化基因数据库已经成为各地文化资源数字化的重要工作,并且取得了较为突出的成果。具有代表性的文化基因数据库成果有浙江省文化基因库、中华文化种子基因库、红色基因库等。

浙江文化基因库是浙江文化基因解码工程的重要环节。浙江省自2020年起启动了"文化基因解码工程",旨在全面挖掘和梳理浙江文化,解码阐释文化基因。目前,"浙江文化基因库"已基本建成,完成超过3万个文化元素的普查,并解码近两千项重点文化元素。该项目不仅帮助浙江构建起自己的文化基因体系,而且为其他地区提供了宝贵的经验。

中国国家版本馆是国家版本资源总库和中华文化种子基因库,由中央总馆文瀚阁、西安分馆文济阁、杭州分馆文润阁、广州分馆文沁阁组成。[1] 中国国家版本馆的功能定位是建设国家版本资源总库和国家版本数据中心,其主要任务是打造中华版本典藏中心、展示中心、研究中心和交流中心。这个机构的建立,是为了实现中华文明载体的永久安全保藏,确保中华版本免遭各类灾害损毁。[2]

在红色文化领域,中共中央宣传部文化体制改革和发展办公室于2021年公布了首批中华民族文化基因库(红色基因库)建设试点单位名单,其中包括多个省份的重要革命纪念地和场馆,如甘肃的南梁革命纪念馆、辽宁的东北抗联史实陈列馆等。这些项目侧重于收集红色文化数据,进行标注,并通过现代技术手段将其转化为易于传播的形式。

2022年6月11日,景德镇古陶瓷基因库在江西景德镇建立,该基因库由江西省文物局授牌成立,主办机构为景德镇御窑博物院(景德镇市陶瓷考古研究所)。该基因库收录了从晚唐至民国时期景德镇陶瓷考古研究所发掘出的大约2000万片古瓷碎片。这个信息库系统地整理了官方和民间窑口的遗传样本,并携手国内外科研机构,搜集了包括考古发现、器形、装饰图案、胎体、釉色、彩绘技法、烧制工艺、标记等在内的"8+X"信息。此外,还整合了国内外的相关收藏品及其研究成果。该遗传信息库的设立对于探究古代社会、恢复传统工艺、鉴定古陶瓷、开发文化创意产品以及讲述瓷器背后的故事具有极其重要的基础性作用。

---

[1] 走进中国国家版本馆 看中华文化种子基因库[EB/OL].(2023-06-03).学习强国.https://www.xuexi.cn/lgpage/detail/index.html?id=16353094317992793295& item_id=16353094317992793295.

[2] 中国国家版本馆,为什么被称为"中华文化种子基因库"[EB/OL].(2024-11-01).腾讯网. https://news.qq.com/rain/a/20241101A011U000.

通过这些项目可以看出，文化基因数据库的建设已经成为各地政府重视文化保护与传承的一种重要方式。它们不仅有助于加强民众对本土文化的理解和认同，而且为文化创新提供了坚实的资源基础。随着技术的不断发展，预计未来将会有更多创新的应用出现，使得文化基因数据库在文化传播、教育、旅游等多个领域发挥更加积极的作用。

正是在这些优秀成果的激励下，山东省旅游推广中心对"沿着黄河遇见海"文旅数据库建设项目进行了重点攻坚。这一项目作为齐鲁文化基因解码利用工程的一个重要组成部分，承担着挖掘和展示山东黄河文化和海洋文化的重任。数据库的建设旨在实现齐鲁文化基因文旅融合数字化转换和信息化表达，完善"沿着黄河遇见海"文旅产品库、故事库、视频图片库，提升齐鲁文化基因文旅融合优质内容产能。

之所以选择"沿着黄河遇见海"作为文旅数据库的主题，源自"沿着黄河遇见海"是山东旅游重点打造的文旅品牌。从 2022 年 6 月起，山东省旅游推广中心持续开展了"沿着黄河遇见海"新媒体联合推广活动，通过创新视角和丰富内容全方位宣传展示山东的沿黄沿海文旅资源，这一活动与沿黄各省市合作，收获了较高的曝光度，并得到省委、省政府的战略支持。2023 年，山东省委、省政府出台《关于促进文旅深度融合推动旅游业高质量发展的意见》，提出建设"沿着黄河遇见海"文化旅游新高地的战略性意见。这一意见为文旅数据库建设提供了支持。"沿着黄河遇见海"文旅数据库通过对文化基因的深入解析，挖掘出文化的精髓，整合了线上、线下的旅游资源，最终建立数据库，为接下来的"沿着黄河遇见海"文旅融合提供坚实的基础。

二、"沿着黄河遇见海"文旅数据库建设方案

前期的文化基因系统解码工作和文化基因谱系图建构，为文旅数据库的建设提供了坚实的资料保障。根据解码的成果，文旅数据库建设方案以简单、高效为原则，工作流程涵盖图片视频素材的全面梳理与精选、素材的精细整理与标注，以及高效素材管理系统的搭建等多个方面，力求构建一个既能准确反映山东独特文化资源又便于用户检索和利用的文化旅游信息平台（如图 4-1 所示）。

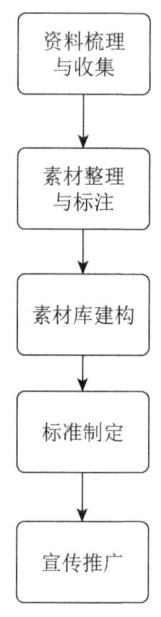

图 4-1 数据库建设流程

（一）资料梳理与收集

"沿着黄河遇见海"数据库建设的核心文化基因是黄河文化和海洋文化。在完成文化基因谱系图的构建后，山东省旅游推广中心依据谱系图中所提取和解码的黄河文化和海洋文化的核心元素，并考虑到在文旅融合和旅游推广中，图片和视频等视觉化素材具有更高的传播价值和吸引力，决定将"沿着黄河遇见海"文旅数据库的主要内容定位为黄河文化和海洋文化的图片与视频素材。这一决策旨在通过直观且富有感染力的视觉资料，更好地展示和传播山东独特的文化魅力。

围绕着黄河文化和海洋文化，山东省旅游推广中心联动全省各地市文旅局，系统梳理沿黄河和沿海的优质文旅资源。2024 年，山东省旅游推广中心详细梳理了省内沿黄沿海优质文旅资源，组织开展了"沿着黄河遇见海体验地"评选活动，旨在全省范围内评选一批体现黄河文化、海洋文化的旅游资源，包括景观风貌、人文风情、民俗文化等在内的文旅融合活动空间。经过各市组织申报，共报送 168 个推荐对象，针对这 168 个体验地，中心收集整理出了第一批"沿着黄河遇见海"体验地（如表4-1所示）。这些体验地各具特色，展现出山东丰富多彩的文化遗产和自然风光。

为进一步丰富和展示这批体验地的独特魅力，中心特别收集整理了大量高质量的视觉素材，包括1800余张代表性图片和200余条视频，这些素材生动展现了各个体验地的风貌与特色。通过这样的努力，初步形成了一个内容丰富、结构清晰的素材库，为后续的文旅推广、品牌建设以及数字平台的应用奠定了坚实的基础。这一举措不仅增强了山东文化旅游品牌的影响力，还为广大游客提供了更加直观和生动的旅行参考。

表4-1 "沿着黄河遇见海体验地"首批名单（50个）

序号	地市	体验地名称
1	济南市（5个）	济南天下第一泉风景区
2		山东博物馆
3		济南古城
4		山东手造展示体验中心
5		城子崖国家考古遗址公园
6	青岛市（5个）	崂山风景名胜区
7		八大关景区
8		青岛市奥帆海洋文化旅游区
9		青岛·上合之珠国际博览中心
10		青岛啤酒博物馆
11	淄博市（4个）	淄博陶瓷琉璃博物馆
12		周村古商城景区
13		颜神古镇
14		齐文化博物馆
15	枣庄市（2个）	台儿庄古城
16		冠世榴园风景区
17	东营市（2个）	黄河口生态旅游区
18		垦利杨庙黄河里

续表

序号	地市	体验地名称
19	烟台市（5个）	烟台山—朝阳街历史文化街区
20		长岛林海景区长山尾
21		蓬莱阁·三仙山·八仙过海旅游景区
22		山海海洋之星
23		南山旅游风景区
24	潍坊市（3个）	潍坊杨家埠——风筝博物馆
25		青州古城
26		寿光市蔬菜高科技示范园
27	济宁市（4个）	微山湖旅游区
28		曲阜三孔（明故城）旅游区
29		尼山圣境景区
30		水泊梁山景区
31	泰安市（3个）	泰山景区
32		大汶口考古遗址公园
33		东平湖（戴村坝）
34	威海市（3个）	威海千里山海自驾旅游公路
35		刘公岛景区
36		华夏城
37	日照市（3个）	万平口景区
38		日照山海天旅游度假区
39		东夷小镇
40	临沂市（3个）	琅琊古城
41		沂蒙山旅游区
42		萤火虫水洞·地下大峡谷
43	德州市（1个）	泉城欧乐堡度假区
44	聊城市（3个）	聊城水上古城景区
45		临清宛园、东宛园

续表

序号	地市	体验地名称
46	聊城市（3个）	东阿阿胶城
47	滨州市（2个）	魏氏庄园
48		蒲湖风景区
49	菏泽市（2个）	郓城水浒好汉城
50		曹州牡丹园

（二）素材整理与标注

山东省旅游推广中心对收集到的"沿着黄河遇见海"体验地的图片和视频进行系统化的汇总整理。为了确保每一张图片和每一帧视频都能得到精准呈现，中心对这些素材进行了详细的要素区分、标注和解码分析（如图4-2所示）。具体来说，这些工作包括以下几个方面。

1. 要素区分与详细标注

中心对所有图片和视频进行了细致的分类，确保它们可以根据市、时间、分类、场景等多个维度进行准确检索。例如，每张图片都会被标注具体的拍摄城市、拍摄时间、所属类别（如自然风光、人文景观、民俗活动等）以及具体的拍摄场景。

2. 图片星级评分

为了进一步提高图片信息的完整性和实用性，中心引入了星级评分机制。根据图片的质量、应用场景、拍摄地点等因素，对每张图片进行星级打分。高星级的图片通常意味着其质量优异、应用场景广泛且拍摄地点具有代表性。这些高星级图片在用户检索时会被优先显示，从而提高用户的检索准确度和使用体验。

3. 多维度标注

除了基本的分类和星级评分外，中心还增加了更多维度的标注内容，如图片的分辨率、色彩饱和度、构图风格等，以便于不同需求的用户进行筛选和使用。

对于历史图片，中心特别注重其完整度和背景信息的补充，通过添加详细的历史背景描述和相关事件介绍，丰富了图片的内容和价值。

4. 个性化标注

根据图片的具体内容，中心设置了个性化的标注内容。例如，对于展现特定民俗活动的图片，会添加关于该活动的详细介绍；对于自然风光的图片，则会标注出具体的地理位置、季节特征等信息（如图 4-3、图 4-4 所示）。

这种个性化的标注不仅增加了图片的信息量，还使用户能够更加直观地了解每张图片背后的故事和文化内涵。

5. 严格的工作规范

在整个标注过程中，中心严格按照既定的工作规范执行，确保每个标签的选择都经过认真的考量。这不仅保证了标注的一致性和准确性，还提高了整体素材库的检索效率（如图 4-5 所示）。

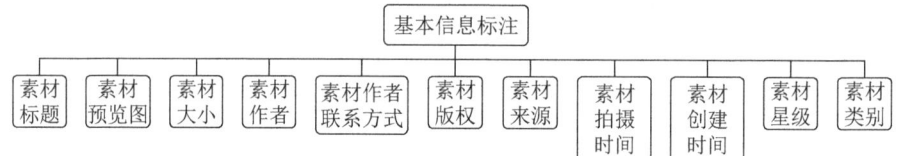

图 4-2　数据库素材基本信息标注

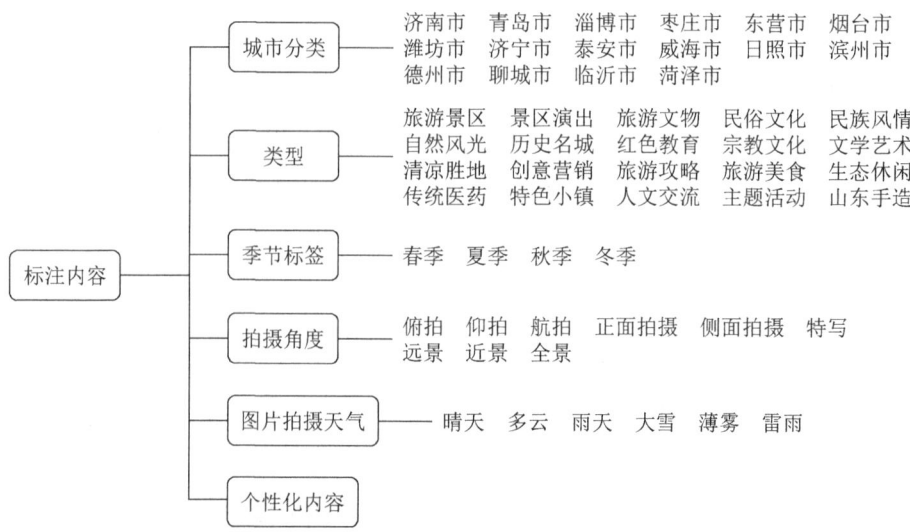

图 4-3　数据库素材个性化内容标注

图片标题：徒骇河秋色
图片大小：9.3 MB
图片作者：刘刚
图片作者联系方式：无
图片版权：山东省文化和旅游厅
图片来源：滨州市文化和旅游局
图片拍摄时间：无
图片创建时间：2015年10月13日
图片类别：滨州市、旅游景区、秋季、航拍、黄昏、徒骇河、秋色、渔民、撒网、夕阳、水面倒影、色彩渐变、自然景观、传统文化、风景摄影、宁静、对称构图、水坝

图 4-4　数据库素材标注示例

城市 ›　济南市　青岛市　淄博市　枣庄市　东营市　烟台市　菏泽市　潍坊市　济宁市　滨州市　泰安市　威海市　日照市　临沂市　德州市　聊城市

要素 ›　吃 ›　孔府菜　博山菜　胶东菜　小吃
住 ›　宾馆　民宿　连锁
行 ›　高铁　自驾　飞机
游 ›　自驾游　跟团游
购 ›　饰品　食品　礼品
娱 ›　游玩　夜场　玩具

类型 ›　美食　非遗　红色　酒店　民宿　民俗　研学　节庆　会议　温泉　活动　康养　剧场　演艺　博物馆　乡村　海岛　工业　游轮　文创　旅游　商圈　图书馆　美术馆　纪念品　文化产业园　主题小镇　低空飞行　主题公园　旅游商品

景区等级 ›　2A　3A　4A　5A

酒店等级 ›　2星　3星　4星　5星　主题酒店　商务酒店

地貌 ›　山　河　湖泊　海　泉水　森林　江　丘陵　岛屿

季节 ›　春　夏　秋　冬

版权 ›　省文化和旅游厅　济南市　青岛市　淄博市　枣庄市　潍坊市　烟台市　临沂市　东营市　德州市　济宁市　菏泽市　聊城市　滨州市　泰安市　日照市　威海市　他人版权(有授权)　他人版权(无授权)

选项 ›　横图　竖图　方图　细长横图　细长竖图

图 4-5　数据库用户展示端的标签分类

（三）素材库构建

在体验地图片和视频素材的收集、整理、标注等一系列前期工作完成后，山东省旅游推广中心正式建立了“沿着黄河遇见海”数据库。这一数据库的构建确保了每张图片和每段视频都能被快速而准确地检索和使用，为用户提

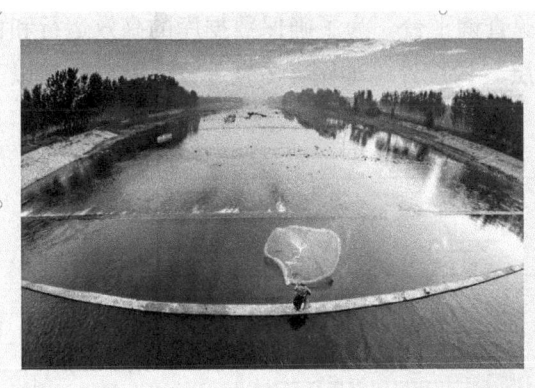

供了一个高效、便捷的文旅资源查询平台。为了确保数据库的高效运行和良好的用户体验，系统采用了分层架构设计（如图4-6所示），主要包括以下几个主要层次。

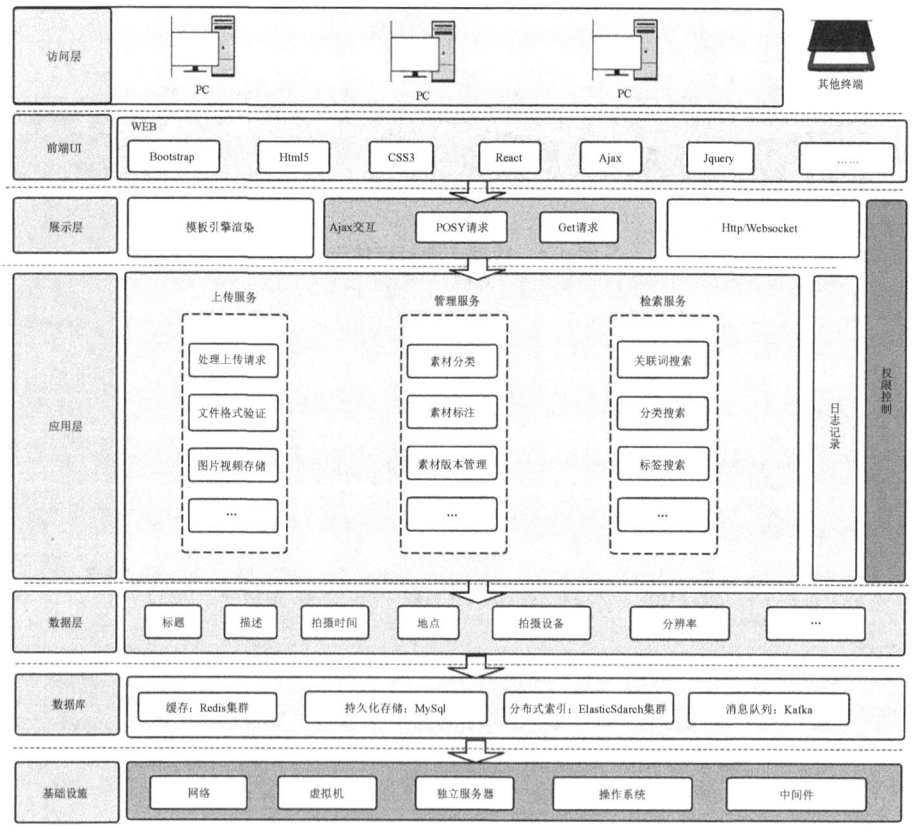

图4-6 素材库系统架构

一是数据层。数据层是整个数据库系统的基础，负责存储所有的图片和视频素材，以及与其相关的元数据和索引信息。存储内容包括原始图片和视频文件、详细的元数据（如拍摄时间、地点、摄影师、星级评分等）以及用于快速检索的索引信息。数据层采用了高性能的存储解决方案，如分布式文件系统和数据库，确保数据的安全性和访问速度。同时，通过优化索引结构，提高了数据检索的效率。

二是应用层。应用层是数据库的核心处理部分，提供了素材的上传、管理、标注、分类和检索等服务。首先是支持批量上传图片和视频，并提供素材的增删改查功能。其次是用户可以对上传的素材进行详细的标注和分类，包括添加标签、描述、星级评分等。最后提供强大的检索引擎，支持关键词搜索、高级筛选（如按时间、地点、星级评分等）及智能推荐等功能。应用层集成了多种先进的技术，如全文检索引擎（如 Elasticsearch）、图像识别技术（如 AI 自动标注）等，确保了高效的处理能力和智能化的服务。

三是展示层。展示层是用户直接交互的部分，提供了友好的用户界面，用于展示和浏览素材，并支持多种检索和筛选功能。展示层界面设计目标是简洁直观，支持响应式布局，适应各种终端设备（如 PC、平板、手机等）。用户可以通过缩略图、幻灯片等多种方式查看素材，也可以通过如关键词搜索、条件筛选、地图定位等方式，快速找到所需的素材。展示层添加了个性化推荐，根据用户的浏览历史和偏好，系统可以智能推荐相关的图片和视频素材。展示层采用了前端框架（如 React 或 Vue.js）进行开发，确保了页面的流畅性和交互性。同时，通过 CDN 技术优化了静态资源的加载速度，提升了用户体验。

通过这种分层架构设计，"沿着黄河遇见海"数据库不仅实现了高效的素材管理和检索，还为用户提供了丰富的互动体验。

数据库系统采用的关键技术组件包括 ElasticSearch 全文检索技术、阿里云 CDN 技术、内存缓存 Redis 等。Elasticsearch 是一个基于 Lucene 的开源、分布式、RESTful 搜索引擎，以其全文检索能力而闻名，能够快速存储、搜索和分析大量数据，支持复杂查询和实时搜索，适用于日志分析、数据监控等多种场景。阿里云 CDN 技术是构建在承载网之上的分布式网络，由遍布全球的边缘节点服务器群组成，旨在分担源站压力，避免网络拥塞，并确保在不同区域、不同场景下加速网站内容的分发，提高资源访问速度。阿里云在全球拥有 3200+ 节点，覆盖 70 多个国家和地区，全网带宽输出能力达 180

Tbps。①本数据库采用阿里云 CDN 技术能够有效提高网站访问速度，减少卡顿。Redis 是一个开源的高性能键值对内存数据库，以其卓越的读写速度和低延迟而著称，广泛用于缓存、消息队列、排行榜等场景。支持丰富的数据结构，如字符串、列表、集合、哈希表等，提供持久化功能以防止数据丢失，并支持主从复制、哨兵系统等高可用方案。内存缓存 Redis 的应用，有效解决了内存数据库的数据安全问题。

在素材管理方面，数据库借助元数据管理、分类和标注系统、版本控制来实现高效的素材管理。一是详细的元数据记录和自动化标签生成（如图 4-7 所示）。数据库的高效素材管理还包括详细的元数据记录，为每个素材条目存储详细的元数据，如标题、描述、拍摄时间、地点、标签、拍摄设备、分辨率等。例如，标题和描述提供了素材的基本概述，让用户能够迅速把握其主要内容；拍摄时间和地点则为素材提供了时空背景，有助于用户在特定的时间和地理条件下进行查找。此外，标签和拍摄设备等信息进一步细化了素材的属性，使得用户可以根据不同的需求进行筛选和搜索。为了减少手动标注的工作量，数据库还引入了自动化标签生成技术。利用先进的人工智能技术，系统能够自动生成素材的标签和描述。这一过程通过计算机视觉和自然语言处理技术，对图片和视频内容进行智能分析，自动识别出关键元素和场景，并生成相应的标签和描述文本。自动化标签生成不仅大大提高了工作效率，还减少了人为错误，确保了标签的一致性和准确性。这样一来，

图 4-7 元数据管理

---

① 什么是阿里云 CDN［EB/OL］.（2024-10-03）.阿里巴巴. https://www.alibabacloud.com/help/zh/cdn/product-overview/what-is-alibaba-cloud-cdn.

用户可以在海量的素材中快速找到所需的内容，极大地提升了数据库的实用性和用户体验。

二是分类和标注系统。为了进一步提升素材的管理和检索效率，"沿着黄河遇见海"数据库建立了一套完善的分类和标注系统（如图4-8所示）。这套系统采用多级分类体系，支持从多个维度对素材进行分类，包括地域、文化主题、拍摄时间、使用场景等，从而确保用户能够更灵活、更精确地查找和管理素材。

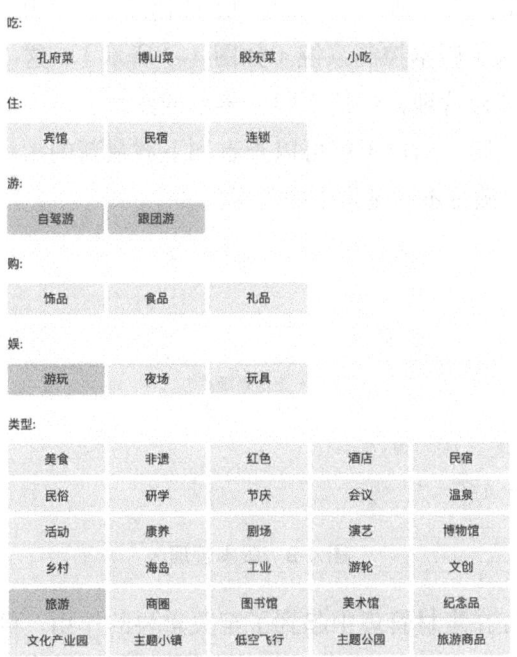

图4-8 分类和标注系统

数据库的分类体系是多层次的，这意味着用户可以从宏观到微观逐步细化搜索条件。例如，首先用户可以选择按地域进行分类，如山东省的不同城市；然后进一步按文化主题进行细分，如黄河文化、海洋文化；接着用户可以按拍摄时间进行筛选，如季节、年份；最后按使用场景进行最终定位，如8k精选素材、城市夜景、民宿精选素材。这种多层次的分类方式不仅提高了检索的准确性，还使素材的管理和使用更加系统化和条理化。

除了预设的分类标签外，系统还允许用户为素材添加自定义标签。这种灵活性使用户可以根据自身的需求和偏好，对素材进行更为个性化的管理。例如，某位用户可能希望将一组图片标记为"秋季风光"或"民俗节庆"，以便在未来快速找到这些特定类型的素材。自定义标签不仅增强了用户的个性化管理能力，还丰富了素材的描述维度，提高了检索的多样性和精确度。通过多维度的分类方法，用户可以按照不同的标准进行素材的查找。例如，用户可以按照行政区划或地理区域进行分类，如济南市、青岛市、黄河沿岸等。

三是版本控制。为了确保用户能够访问到素材的不同版本，"沿着黄河遇见海"数据库引入了版本控制系统（如图4-9所示）。这一系统支持对同一素材的多个版本进行管理，包括不同分辨率的图片、不同后期处理效果的视频等。通过版本控制，用户不仅可以查看和下载最新的素材版本，还能访问到历史版本，从而满足不同场景下的需求。

图 4-9 版本管理

版本控制系统在素材管理中起到了至关重要的作用。例如，一张图片可能会有多个分辨率版本，以适应不同的使用场景。低分辨率版本适合在网络上传播，而高分辨率版本则适用于印刷或高清展示。同样，一段视频也可能存在不同的剪辑版本或特效处理版本，以适应不同的宣传和展示需求。通过版本控制，用户可以根据具体需求选择合适的版本，从而确保素材的最佳呈现效果。

此外，版本控制系统还记录了每次修改的详细信息，包括修改时间、修改人以及修改内容等。这不仅有助于用户追踪素材的变化历程，还为后续的管理和维护提供了便利。例如，如果某个版本出现问题，用户可以迅速回溯到之前的版本，避免因单一版本损坏而导致损失。

通过版本控制，数据库不仅确保了素材的多样性和灵活性，还提高了素材的可追溯性和可靠性。用户可以在需要时轻松访问到不同版本的素材，无论是最新的编辑版本还是历史版本，都能得到妥善管理和保存。

在确保快速检索和访问方面，数据库优化了索引结构、使用智能推荐系统，确保高效地查询处理（如图4-10所示）。首先是优化索引结构，通过ElasticSearch建立强大的全文检索索引，支持对标题、描述、标签等文本字段的快速全文检索，根据实际的查询需求，设计多字段的联合索引，如按时间、地域、主题等字段联合索引，优化复杂查询的性能。其次是使用智能推荐系统，基于用户的历史行为数据（如浏览记录、下载记录），利用机器学习算法（如协同过滤、内容推荐），提供个性化的素材推荐服务。最后是确保高效地查询处理。对于大型数据库，采用分片和并行处理技术，分布式处理大规模查询任务，提高查询速度和系统吞吐量。利用内存缓存Redis，存储高频访问的查询结果，减少数据库的负载，加速响应时间。

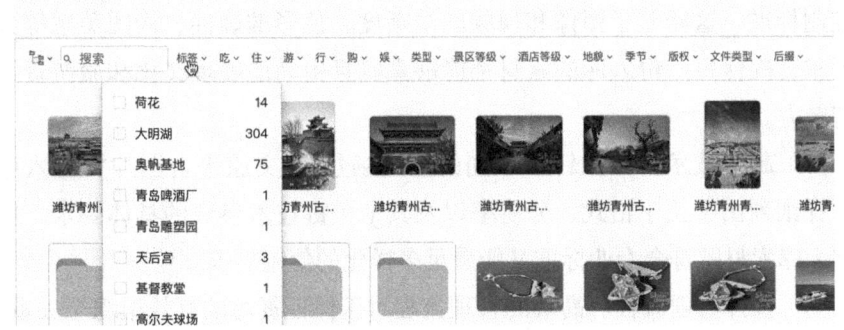

图4-10　快速检索与访问

（四）标准制定

为了提升文化和旅游资源的数字化管理水平，山东省旅游推广中心通过对现有图片视频库内所有图片和视频的深入梳理与分析，识别出关键的标注特征，进而制定了详尽的《文旅平台图片资源入库指南》（见附件），为未来入库对象提供依据。

（1）草案结构设计。确定标准的整理结构和主要章节，分为10个部分，分别是范围、规范性引用文件、术语和定义、目的、基本要素、技术要素、分类与标注、入库流程、安全要求、维护与更新。

  a. 范围：明确指南适用的对象及背景。

  b. 规范性引用文件：列举指南制定过程中参考的标准文件。

  c. 术语和定义：对于指南中使用的关键术语给出定义。

  d. 目的：阐述制定指南的目的和预期成果。

  e. 基本要素：描述图片和视频资源的基本构成元素。

  f. 技术要素：规定图片和视频的技术参数。

  g. 分类与标注：介绍如何对资源进行科学分类以及必要的标注信息。

  h. 入库流程：细化从提交到最终入库的操作步骤。

  i. 安全要求：强调在资源处理过程中的信息安全保障措施。

  j. 维护与更新：提供关于资源库维护和持续更新的策略。

（2）起草质量标准。在确保图片和视频素材能够达到高质量的同时，也为后续的利用奠定良好基础，《文旅平台图片资源入库指南》设定了严格的质量控制标准。这涵盖了图像和视频的清晰度、色彩准确性、构图美感等方面的要求，确保每一份入库的素材都能真实且生动地展现文化和旅游资源的独特魅力。

（3）起草技术要求。针对不同的应用场景，《文旅平台图片资源入库指南》详细列出了关于格式、分辨率以及其他关键技术参数的具体要求，保证所有入库素材既符合专业标准又能满足多样化的使用需求。

（4）设计管理流程。高效的管理流程对于保证资源的有效组织至关重要。因此，《文旅平台图片资源入库指南》精心规划了一套从提交申请、审核、归档直至检索利用的完整流程体系，力求实现对每一项操作都有据可循，从而提高工作效率和服务质量。

（5）整合初步草案。经过前期的广泛调研和细致准备，山东省旅游推广中心已将各个独立的部分有机整合起来，形成了一个内容全面、逻辑清晰的初步草案版本。

（6）内部评审和修订。为确保指南内容准确无误并具有实际操作价值，在完成初步草案后，山东省旅游推广中心还将组织多次内部评审会议，并邀请行业专家共同参与讨论和完善工作。通过不断迭代优化，《文旅平台图片资源入库指南》将更加贴近实际需要，更好地服务于文化和旅游行业的长远发展。

为了保证以上工作顺利开展，中心制订了整体时间计划（如表4-2所示），这份时间表明确了每个阶段的任务分配、责任主体以及预期完成期限，确保整个项目按部就班地向前推进。

表4-2 标准制订工作时间计划

整体时间计划		
阶段	时间范围	主要任务
项目启动和需求分析	2024年4月—2024年6月中旬	确定项目范围，了解行业需求，组建项目团队
标准草案起草	2024年6月中旬—2024年8月	制定初步的标准草案，涵盖质量标准、技术要求和管理流程
公示与征求意见	2024年8月—2024年9月	公示标准草案，征求行业意见和反馈
标准审批与发布	2024年10月	完成标准的入库审批流程，正式发布标准文件
标准实施与监控	2024年11月—2025年5月	推广和实施新标准，进行持续的监控和评估
项目总结和报告	2025年6月	总结项目的成果和经验，编写最终报告

（五）宣传推广

2024年，文旅数据库建成之后，山东省旅游推广中心举办多次"沿着黄河遇见海"主题相关的宣传推广活动，扩大"沿着黄河遇见海"的知名度，推广基因解码成果，并在活动中与多个机构、部门商讨文化基因的文旅融合转化利用路径。

2024年4月11日，以"新创意·新生态·新消费"为主题，探讨提升文旅新媒体推广水平，共同谋划文旅产业发展的时代篇章。沿黄省（区）文化和旅游厅代表和新媒体平台代表共同启动2024"沿着黄河遇见海"文旅新媒体推广活动（如图4-11所示）。聊城发布了"两河之约'新'动聊城"新媒体推广行动计划，介绍聊城文化和旅游新线路、新业态、新形式、新体验，并发出邀请共享春日美好。此外，大会还征集了沿黄九省（区）反映黄河地域文化、自然风光、风土人情、文旅休闲等内容的高质量摄影作品数百幅，设置了"沿着黄河遇见海"图片展区，并举办了聊城文旅资源展、运河美食品鉴、"原风耳动"音乐巡游等活动，通过新媒体直播形式对聊城旅游景点、文创产品、特色美食、打卡线路进行了重点推介。①

图 4-11　2024"沿着黄河遇见海"文旅新媒体推广大会

2024 年 5 月 24 日，2024"沿着黄河遇见海"夏季文化和旅游产品推介的首站活动在黄河源头所在地——青海省举办（如图 4-12 所示）。在此次活动中，文化基因数据库成果获得了展示，发布夏季主题产品，推介夏季文旅资源，充分展示"好客山东"的魅力。②

---

①　2024"沿着黄河遇见海"文旅新媒体推广大会在聊城举办［EB/OL］.（2024-04-12）.聊城市文化和旅游局.http：//wlj.liaocheng.gov.cn/channel_t_296_26899/doc_6618922b770f372c048165d6.html.
②　"好客山东"走进"大美青海"，"沿着黄河遇见海"山东夏季文旅产品推介活动正式启动［EB/OL］.（2024-05-26）.澎湃新闻.https：//www.thepaper.cn/newsDetail_forward_27515176.

第四章 文化基因数据库建设："沿着黄河遇见海"文旅数据库

图 4-12 "沿着黄河遇见海 好客山东等您来"夏季文化和旅游产品推介会

三、"沿着黄河遇见海"文旅数据库使用工作流程

"沿着黄河遇见海"文旅数据库通过分层架构设计和关键技术组件的应用，在文旅宣传推广、文旅部门素材快捷使用、供应商素材支持、用户使用等方面实现了素材的高效管理和快速检索。更重要的是，数据库建设了素材入库、素材管理、素材分发和推广、素材使用、使用反馈、反馈改进和循环优化，形成了工作闭环机制，极大地提高了内容质量，提升了使用效果（如图 4-13 所示）。

图 4-13 文旅数据库工作机制闭环

（一）素材入库

获取素材、审核素材、标注素材都建立了一系列的规范标准，涵盖获取

渠道、审核标准、数据标准等，确保素材的高质量。

（1）明确素材获取渠道，山东省旅游推广中心制定了从不同来源获取素材的策略和流程。这些渠道包括但不限于征集活动、采风活动、素材采购等。

a.征集活动：通过举办各类摄影比赛、短视频大赛等形式，广泛征集社会各界提交的高质量作品。这些活动不仅能激发创作者的热情，还能收集到大量富有创意和表现力的素材。

b.采风活动：组织专业的摄影和摄像团队，深入沿黄河和沿海地区进行实地采风。这些团队由经验丰富的摄影师、摄像师和文化专家组成，他们能够捕捉到最具代表性和艺术性的画面。

c.素材采购：与专业摄影机构、独立摄影师和内容提供商合作，购买高质量的图片和视频素材。这种方式可以迅速扩充素材库，确保素材的专业性和多样性。

d.合作伙伴：与各地市文旅局、景区、博物馆等机构合作，共享其现有的高质量素材。这种合作模式不仅节省了资源，还确保了素材的真实性和权威性。

（2）质量审核标准：山东省旅游推广中心定义了严格的图片和视频质量标准及审核流程，确保入库的每一份素材都符合高标准的要求。具体标准包括分辨率、构图美感、内容真实性、版权合规、审核流程等。

a.分辨率：图片需达到一定像素，视频需具备高清画质，以确保在各种展示平台上的清晰度。

b.构图与美感：素材应具有良好的构图和视觉美感，能够吸引观众的注意力。

c.内容真实性：图片和视频必须真实反映所拍摄的对象，不得进行过度修饰或虚假呈现。

d.版权合规：所有素材必须确保无版权争议，提供者需签署相关授权协议，确保素材的合法使用。

e.审核流程：每份素材在入库前需经过多轮审核，包括初审、复审和终审，确保每一个环节都有专人负责，层层把关。

（3）数据标准化：创建元数据标准和模板，确保所有素材信息的一致性。

这些元数据包括但不限于标题、描述、拍摄时间、拍摄地点、标签、拍摄设备等。

a. 标题：简明扼要地描述素材的主要内容。

b. 描述：详细的文本描述，提供素材的背景信息、文化内涵或其他相关信息。

c. 拍摄时间：记录素材的具体拍摄日期和时间。

d. 拍摄地点：精确到具体的地理位置，如城市、景点名称等。

e. 标签：根据内容添加多个关键词标签，便于后续检索。

f. 拍摄设备：记录拍摄所使用的相机型号、镜头参数等。

g. 分辨率：详细记录图片和视频的分辨率信息。

h. 版权信息：明确素材的版权所有者及使用许可范围。

（二）素材管理

确保所采集的图片和视频能够有效进入数据库，并得到合理利用的关键步骤。山东省旅游推广中心深刻认识到这一点，因此投入大量精力来制定一套全面的素材管理规范，并对相关管理人员进行了培训。

（1）制定管理规范。采取了一系列措施来编写素材管理的政策和流程，包括权限、版本控制和元数据管理，最终形成入库指南。在权限管理方面，明确规定不同用户角色（如管理员、编辑者、普通用户）所能访问的数据范围及其相应的操作权限，以保护数据的安全性和工作的流畅性。针对版本控制，引入先进的版本控制系统，记录每一次修改的历史，便于追踪变更、恢复早期版本或是在多个版本之间进行比较。然后，建立统一的元数据标准，涵盖拍摄时间地点、作者信息、版权状态等内容，使每份素材都能被精确描述，方便日后检索与应用。基于以上几点及其他相关考虑因素，编撰《文旅平台图片资源入库指南》，作为指导全体参与者如何正确处理和管理素材的官方手册。

（2）培训和支持。良好的管理体系还需要人员的支持才能发挥作用，为素材库用户提供素材库系统使用的培训和技术支持。首先是系统培训使用技巧，定期举办面向全体素材库用户的培训班，教授他们如何有效地运用新建立的管理系统进行日常操作，包括上传、编辑、搜索等功能的应用技巧。其次是为数据库提供技术支持服务，设立专门的技术支持团队，负责解答用户遇到的各种技术难题，提供及时有效的帮助；同时，也负责监控系统的运行状况，确保其稳定可靠。在此基础上收集反馈并积极改进，定期听取来自一线使用者的意见和建议，不断完善现有制度和工具，使之更加贴合实际需求。

（三）素材分发和推广

为了将"沿着黄河遇见海"文旅资源推向更广阔的市场，确保素材的实时更新和高效利用，山东省旅游推广中心在素材分发和推广方面作出了极大努力。

（1）确定分发渠道。为各地市、授权单位开通素材库账号。在明确分发渠道在本地化合作、增强与旅行社等授权单位的合作伙伴关系、提高各单位各机构的工作效率等方面，都发挥了极其重要的作用。

（2）开发 API 和工具。创建 API 接口，方便第三方平台使用素材库素材。开发易于集成的标准 API 接口，使得新闻网站、社交媒体平台等外部服务可以无缝对接至官方素材库，快速获取并展示最新的图片和视频内容。持续改进用户界面设计，确保所有工具都具有良好的易用性和兼容性，无论是在 PC 端还是在移动端均能顺畅运行。

（3）监控和优化。定期监控分发效果，优化分发策略和工具。首先是利用大数据技术对素材下载量、浏览次数等关键数据进行深度挖掘，了解哪些类型的素材最受欢迎、哪些渠道的表现最为突出。其次是通过问卷调查、在线论坛等多种形式主动征求用户意见，特别是关于素材质量和可用性的看法，作为改进的重要参考。基于上述两方面的洞察，不断优化分发渠道的选择、API 功能的设计以及推广活动的形式，力求达到最佳传播效果。

（四）素材使用

素材使用是建立文旅数据库的核心环节，也是必然结果。为保证素材能够充分使用到位，山东省旅游推广中心确定了内部使用、供应商支持、用户使用的三位一体的使用渠道。

（1）推广内部使用。在单位内部推广素材库的使用，鼓励各部门利用素材。鼓励方式主要包括培训与教育、优秀作品制作奖励机制、分享成功案例等。

（2）供应商支持。为授权供应商提供素材使用的支持和指导，特别是技术支持、营销建议和定期沟通机制。

（3）用户生成内容活动。山东省旅游推广中心策划了一系列用户生成内容（UGC）活动，鼓励用户使用素材库中的资源进行创作并分享自己的故事。例如举办以黄河民俗为中心的创意摄影大赛，在社交媒体发起话题挑战，吸引网络红人参与。

（五）使用反馈

收集用户反馈是完善素材库的重要一环，通过定期的用户调研和数据分析，山东省旅游推广中心能够精准把握市场脉搏，有效提升素材库的运营效率，增强文旅资源的吸引力。

（1）建立反馈渠道。创建和推广用户反馈收集渠道，包括但不限于在线调查问卷、客户服务热线、用户论坛与社区、面对面访谈等方式。

（2）数据收集和分析。利用分析工具收集和分析素材的使用数据，可以通过网络分析工具监控流量、记录用户下载素材频率、分析用户检索关键词、跟踪用户访问轨迹以及满意度调查等方式。

（3）定期评估。定期评估反馈数据，识别改进机会，例如每月/每季度生成详细的用户反馈报告，汇总关键发现，包括正面反馈和需要改进的地方，召开由多个相关部门参与的联席会议，共同讨论反馈内容，制订具体的行动计划。

（六）反馈改进和循环优化

针对用户反馈，山东省旅游推广中心细化改进措施，针对反馈进行系统优化，提升素材库的用户体验和素材质量，形成良性循环，以更高效率推动文旅资源的整合与发展。

（1）更新素材库。根据反馈和分析结果，更新和优化素材库，确保其内容的时效性和多样性。

（2）流程优化。持续改进素材的入库、管理、分发和使用流程。

（3）形成闭环机制。确保反馈和改进流程能够形成一个有效的闭环机制，不断提升素材库的价值和使用效果，将反馈处理与产品迭代相结合，形成持续优化的良性循环，在此之后向用户提供透明的沟通渠道，让他们了解自己的反馈是如何被采纳并落实到实际改进中的。

　　总体而言，"沿着黄河遇见海"文旅数据库的成功建设，真正解决了齐鲁文化基因的视觉化解码以及解码后资源利用的问题，为山东文化旅游的新媒体矩阵建设、品牌宣传营销乃至文旅IP的塑造都奠定了基础。

第五章 齐鲁文化基因的转化利用阶段

齐鲁文化基因谱系建构和文化基因数据库建设,意味着齐鲁文化基因系统解码和数字化储存阶段完成。这一成就为后续的转化与利用奠定了坚实基础。齐鲁文化基因解码利用工程的第三阶段聚焦于转化利用,旨在通过文化基因的激活来促进文化和旅游的深度融合。在此背景下,山东省旅游推广中心积极行动,致力于将文化基因与旅游产业紧密结合,具体表现为两大核心举措:一是依托文化基因库驱动新媒体高质量内容的生产,强化"好客山东"品牌的新媒体传播矩阵;二是推动文旅产品的创新与创意营销,尤其是围绕"沿着黄河遇见海"等特色项目,打造出一系列具有独特文化内涵和体验感的旅游产品。通过这些努力,山东省不仅增强了文化的传播力和吸引力,还实现了旅游资源的有效开发和经济效益的提升。

一、新媒体宣传优化:文化基因库驱动高质量内容生产

(一)工程启动前新媒体矩阵建设的概况

随着互联网技术的迅速发展和移动社交媒体的普及,新媒体已经成为文化传播与旅游推广的重要手段。山东省文化和旅游厅敏锐捕捉这一趋势,于近年来积极构建并不断完善"好客山东"新媒体矩阵,通过创新的宣传模式和多元化的营销策略,有效提升了"好客山东"品牌的知名度和影响力。

自新媒体社交平台崛起后,山东省文化和旅游厅便开始布局新媒体领域,逐步建立起包括微信、微博、抖音、头条号等在内的多元化新媒体账号体系。这一时期,新媒体尚处于起步阶段,但山东省文旅厅已认识到新媒体对于推动文旅融合发展的重要性,并将其作为宣传推广工作中的重要一环。截至

2023年底,"好客山东"新媒体矩阵已经扩展至拥有23个不同平台的新媒体账号,其中包括但不限于微信公众号、官方微博、抖音官方账号等,总粉丝数达到1200万,是全国最大、影响力最强的文旅管理部门自媒体矩阵。

"好客山东"新媒体矩阵建成以来成绩颇丰,具体体现在文旅资讯推广影响显著、网络营销活动亮点频出、网络直播反响强烈等方面。

1. 文旅资讯推广影响显著

"好客山东"新媒体矩阵运用了多种形式的内容媒介,包括图文、视频、海报以及手绘漫画等,这些内容形式深受市民和游客的喜爱。这种多样化的宣传手段使得该矩阵能够对山东省内的关键文化和旅游资源及产品进行全面、及时且多维度的推广。据统计,在2023年的前三个季度,该新媒体矩阵共发布了超过21500条文旅相关信息,累计阅读量(或播放量)达到惊人的10.25亿次,这表明"好客山东"新媒体矩阵在信息传播方面的效率和影响力显著。

自2020年4月以来,文旅产业指数实验室连续发布了39份关于全国省级文化和旅游新媒体传播力指数的TOP10榜单。在这期间,"好客山东"新媒体矩阵表现出色,有34次获得第一名,并因此荣获了第五届山东省文化创新奖。这一系列的荣誉不仅反映了其在内容创作上的卓越表现,而且证明了其在新媒体传播领域的领先地位。

此外,"好客山东"的官方头条号因其优异的表现被国务院办公厅政府信息与政务公开办公室授予了"优质账号"的称号。这是山东省内唯一获得此殊荣的账号,同时也是全国范围内文旅行业中独一无二的受表彰对象。与此同时,"好客山东"的官方抖音账号也得到了中央网信办的认可,被评为"走好网上群众路线百个成绩突出账号"。这些奖项和认可进一步验证了"好客山东"新媒体矩阵在质量控制和内容管理方面的高标准。

为了保持高水平的内容输出,新媒体矩阵内部建立并严格执行一套内容审核流程,包括"三审三校"制度,确保每一项发布内容的质量。这样的机制不仅有助于维持各平台运维工作的高效率,同时也保证了内容的准确性和权威性。

值得一提的是,2021年,"好客山东"新媒体矩阵还牵头与北京、河北等八个省份(直辖市)的文化旅游部门合作,共同成立了中国旅游新媒体推广联合体。此举标志着一种全新的跨区域、跨部门新媒体推广模式的诞生。截至目前，该联合体已经扩展至包括16个成员单位，并成功举办了诸如"交换夏天"和"美好中国我的家"等一系列相互推广的活动，极大地增强了"好客山东"品牌的全国影响力。

2. 网络营销活动亮点频出

近年来，山东省旅游推广中心借助强大的新媒体矩阵，策划推出多主题、多形式的网络营销活动。

一是组织"我为好客山东代言"短视频挑战赛。山东省旅游推广中心率先发起"我为好客山东代言"短视频挑战赛，创新性地邀请了政府部门领导、网络红人及文旅从业者共同参与，为"好客山东"品牌形象代言。该活动通过省、市、县三级联动的方式，形成了一种多层次的宣传营销效应。参与者们通过短视频平台分享自己与山东的故事，不仅增加了活动的趣味性和互动性，还有效地扩大了活动的覆盖面和影响力。

二是山东省旅游推广中心推出了"好客山东网红打卡季"主题活动。此次活动评选出了"100个好客山东网红打卡地""100个好客山东网红好物""100个好客山东文旅创作者""15个优秀文旅创作者基地"。通过线上线下相结合的方式，对优秀的文旅创作者进行培养和孵化。例如，在这次活动中，一位来自临沂的导游从零粉丝起步，最终积累了近百万粉丝，并成功转型为文旅网络达人。这位导游的成功案例展示了新媒体平台在个人职业转型中的巨大潜力。2023年，山东省旅游推广中心打造诸如"济南·泉城不夜城消费指南""青岛·时尚不夜城消费指南""淄博·烧烤不夜城消费指南""威海·时尚不夜城消费指南""烟台·鲜美不夜城消费指南"等齐鲁不夜城标签，并制作不少于16篇精品主题内容。当年3月，《关于网红打卡地火爆"出圈"有关情况的报告》，得到周乃翔省长圈阅、多位副省长批示。

三是创新策划"沿着黄河遇见海"新媒体联合推广系列活动。通过举办系列新媒体采风、线上话题营销等，形成了全国、全网、全社会共同关注的黄河、海洋文化旅游传播热潮。这一活动被国家文旅部评为"2022年度国内旅游宣传推广十佳案例"，山东省委常委、宣传部部长白玉刚表示：让"沿着黄河遇见海"成为"好客山东 好品山东"的一张亮丽名片。2024年4月，山东省委、省政府印发《关于促进文旅深度融合推动旅游业高质量发展的意见》，正式提出建设"沿着黄河遇见海"文化旅游新高地的要求。今年联合聊城举办"沿着黄河遇见海 2023 好客山东新媒体创作者大会"系列活动，联合烟台举办"沿着黄河遇见海暨云游四海 打卡烟台"主题活动，在实现沿黄九省联动的基础上，将"沿着黄河遇见海"品牌向纵深发展，实现全省共推共办的推广模式。

四是山东省旅游推广中心在今年启动了 2023 好客山东"四个 1000"营销推广活动。这一活动围绕网红打卡地、文旅创作者、好客山东故事、文创产品四大重点领域展开，联合全省文旅机构以及腾讯、抖音、新浪、B 站等主流网络平台，推出了一系列网络营销活动，如"最 in 山东打卡地""爱上山东的千个瞬间""美好生活传播者""秀齐鲁之夜""周末去哪玩"等。这些活动不仅吸引了大量网民的关注，而且成功推出了 16 个城市四季网红打卡地，达到了快速创造网络爆款的目标。

3. 网络直播反响强烈

自 2017 年以来，山东省积极探索新媒体传播渠道，建立了"好客山东"直播平台，致力于通过直播技术提升文旅资源的传播效果。随着 2018 年短视频流量红利的到来，山东省文旅部门迅速响应市场变化，于同年 4 月正式开通了官方抖音账号。经过多年的努力和发展，"好客山东"已经形成了一个包含抖音、快手、视频号、微博、一直播、百家号、今日头条以及"好客山东"专属直播间在内的多元化直播矩阵（如表 5-1 所示）。这一矩阵不仅涵盖了多个主流社交媒体平台，还引入了多种先进技术手段，如慢直播、VR 全景直播、航拍直播和移动直播间等，从而构建了一个连接旅游达人、景区景点、观众和直播平台的综合传播模式，大大拓宽了文旅信息的传播渠道。

近 3 年来，"好客山东"直播矩阵紧密围绕省文旅厅年度重点工作，持续开展各类直播活动，实现了每周至少一次直播、每月都有特定主题的目标。据统计，该矩阵共进行了 425 场直播活动，累计曝光量超过了 17.8 亿次。这种高频次、高质量的直播内容不仅满足了广大用户在线"云"游的需求，还呈现了文旅传播的新业态，为"好客山东"品牌的知名度和美誉度提升开辟了全新的线上宣传途径。

为了更深入地展示山东丰富的文化遗产和旅游资源，山东省文旅部门策划推出了大型文旅访谈直播栏目——《好客山东说》。该栏目采用"线上直播+线下录制"相结合的形式，邀请了众多文化名人、旅游专家和地方官员参与，为广大网友提供了一个深入了解山东文化的窗口。自开播以来，《好客山东说》已经进行了三季共50余期节目，吸引了超过1.14亿人次的观看。通过这一栏目，观众可以足不出户地享受到具有浓厚文化氛围的山东线上数字文旅服务，极大地丰富了人们的文化生活体验。

2023年，"好客山东"直播矩阵又推出了"跟我一起City walk"山东主题直播活动，引领观众以步行的方式探索城市的独特魅力。这一活动不仅展示了山东各大城市的风貌，还促进了当地的文化交流与经济发展。《大众日报》以"城市漫步催生消费新风尚·从景区观光到城市体验"为题对该主题直播活动进行了深度报道，引发了广泛的社会关注和讨论。此次直播活动不仅加深了人们对山东城市文化的理解，还为推动新型文旅消费模式提供了有益尝试。

表5-1 "好客山东"新媒体账号一览表

序号	账号名称	开设主体	账号类型
1	文旅山东	山东省文化和旅游厅	新浪微博
2	好客山东	山东省文化和旅游厅	抖音
3	好客山东	山东省文化和旅游厅	快手
4	好客山东	山东省文化和旅游厅	视频号
5	好客山东	山东省文化和旅游厅	B站
6	好客山东	山东省文化和旅游厅	腾讯微视
7	好客山东	山东省文化和旅游厅	央视频
8	文旅山东	山东省文化和旅游厅	微信订阅号
9	好客山东之声	山东省文化和旅游厅	微信订阅号
10	好客山东	山东省文化和旅游厅	微信服务号
11	好客山东	山东省文化和旅游厅	今日头条
12	文旅山东	山东省文化和旅游厅	新浪看点
13	好客山东	山东省文化和旅游厅	百家号

续表

序号	账号名称	开设主体	账号类型
14	好客山东	山东省文化和旅游厅	澎湃号
15	好客山东	山东省文化和旅游厅	企鹅号
16	好客山东	山东省文化和旅游厅	人民号
17	好客山东	山东省文化和旅游厅	搜狐号
18	好客山东	山东省文化和旅游厅	文旅中国
19	好客山东	山东省文化和旅游厅	一点号
20	好客山东	山东省文化和旅游厅	小红书
21	好客山东	山东省文化和旅游厅	小程序（微信）
22	好客山东	山东省文化和旅游厅	小程序（抖音）

尽管"好客山东"新媒体矩阵在近年来取得了诸多荣誉和显著成就，但在实际运营过程中也暴露出了一些不容忽视的问题。这些问题主要包括：图片和视频素材更新滞后，部分发布的图片和视频素材显得陈旧，未能及时反映最新的旅游资源和文化活动，导致内容缺乏新鲜感，难以吸引用户的持续关注；素材质量参差不齐，一些图片和视频在拍摄技术和后期处理上存在较大差异，导致整体素材质量不稳定，低质量的内容则可能削弱用户的信任感和好感度；宣传推广内容文化内涵不足，部分推广内容过于表面化，缺乏对山东深厚文化底蕴的深入挖掘和展示，难以真正触动用户的情感共鸣，从而影响了品牌的长期影响力。

针对以上存在的问题，山东省旅游推广中心在建设文旅数据库之前，已经开始探索解决之道，因此提出了打造营销内容"中央厨房"的策略。营销内容"中央厨房"是融合文字、图片、视频、音频、虚拟现实等多样化内容的新媒体传播平台，实现一次性采集、全媒体呈现、多渠道发布。截至2023年，中央厨房素材库已整合收录4万多张高清图片视频素材、139类高质量文旅产品、57种电子旅游手册等，同时组织专业人员队伍，对山东省内各大景区、非遗、美食、文博场馆等进行专项拍摄，整理形成最新视频素材库。这一素材库采集到的图片视频，成为"沿着黄河遇见海"文旅数据库的基础素材。但是，"中央厨房"无法如同文化基因数据库一样，在建立文化谱系的前提下进行系统地整理、归纳和使用。因此，2024年"沿着黄河遇见海"文旅数据库的建成，在很大程度上解决了文化基因与旅游营销内容完美融合的问题，促使新媒体营销内容的质量和制作效率都获得了极大的提升，同时也探索出一条完善的工作机制。

（二）新媒体矩阵构建的工作机制完善

随着移动互联网和智能手机的快速发展，媒体技术应用不断提升，以微博、微信、客户端、短视频等为主的新媒体平台迅速崛起，成为各旅游主管部门、旅游景区、旅游企业宣传推广当地文化旅游资源的重要渠道。山东省旅游推广中心作为山东省文化和旅游厅新媒体官方账号的承办单位，依托山东省深厚的文化底蕴和得天独厚的自然风光，充分借力微博、微信、新闻客户端、短视频、直播、网站等平台，构筑"好客山东"文化旅游新媒体矩阵，培育文化和旅游新业态，打造文旅融合发展新动力。

山东文旅新媒体矩阵建设已启动数年，形成了一整套工作机制和运营经验。自"齐鲁文化基因解码利用工程"启动以后，山东省旅游推广中心借助数字化技术提供、文化资源标识标注、文化基因大模型构建等成果支持，探索如何更加完善新媒体矩阵构建的工作机制，实现全省各地市新媒体账号内容质量更优、传播影响更强。

一是纵向联动，创新宣传模式，巩固完善好客山东新媒体矩阵。通过"齐鲁文化基因解码利用工程"的实施，山东省旅游推广中心能够更深入地挖掘和利用地方文化资源，将传统文化与现代传播手段相结合，形成独特的新媒体宣传模式。这种模式不仅能够增强文化自信，还能够提高文化产品的吸引力和竞争力。在"1+16+N"的架构下，各市新媒体账号不再是孤立的个体，而是形成了一个有机的整体，通过资源共享和信息互通，实现了内容的多元化和传播的最大化。此外，通过文化基因大模型的构建，各市能够更加精准地把握受众需求，创作出更具有针对性和吸引力的内容，从而提升全省文化和旅游的新媒体活力。山东省文化和旅游厅的年度考核和第三方数据发布的综合指数，为各市提供了明确的提升方向和激励机制，促进了新媒体建设和运营能力的全面提升。

二是横向拓展，扩大宣传渠道，推动成立中国旅游新媒体推广联合体。

在文化和旅游部资源开发司的支持下，山东省与北京、河北等省（市）文旅部门的合作，不仅打破了地域限制，还实现了文化资源的跨界融合。中国旅游新媒体推广联合体的成立，为"好客山东"品牌提供了更广阔的宣传平台和更丰富的传播渠道。通过文旅数据库和文化数字交易平台的共享，中国旅游新媒体推广联合体成员能够快速获取和利用各地的文化资源，共同创作出高质量的宣传内容。这种合作模式不仅提升了宣传内容的多样性和创新性，还通过联动宣传放大了"好客山东"新媒体矩阵的宣传声量，增强了品牌的全国乃至国际影响力。

三是重视审核，加强培训。在新媒体矩阵的构建和运营中，信息的准确性和安全性至关重要。山东省文化和旅游厅严格执行信息发布审查要求，通过责任人三审三校、层级审核制度，确保了信息发布的质量和安全。同时，定期组织的新媒体平台业务技能培训，不仅提升了平台运维人员的业务能力，还通过"齐鲁文化基因解码利用工程"的技术支持，使培训内容更加贴近实际需求、更加丰富和实用。这种培训机制有助于各平台更好地利用优质资源，提升宣传效果，同时也为新媒体矩阵的可持续发展提供了人才保障。

总体而言，通过文化基因解码，可以更加精准地识别和理解不同地域文化的精髓，这为内容创作者们提供了一个强有力的工具，能够帮助他们根据目标受众的具体偏好来定制内容。这种基于文化洞察的内容生产方式，极大地提高了信息传递的有效性和互动性，有助于建立起与用户之间更为紧密的情感联系。

此外，文化基因大模型的应用也优化了新媒体矩阵内部的信息流管理及资源整合过程。它促使各市级新媒体账号间形成良好的协同效应，促进了跨区域的文化交流与合作，进一步扩大了"好客山东"品牌的覆盖面与影响力。同时，在严格的内容审核机制保障下，保证了发布信息的真实性和可靠性，维护了新媒体平台的良好生态。

总之，"齐鲁文化基因解码利用工程"的推进标志着山东省在利用新媒体技术促进文旅产业发展方面迈出了重要一步。它不仅强化了新媒体矩阵的功能性与服务性，还为其他地区提供了宝贵的经验参考。

（三）新媒体矩阵建设的内容优化

文旅新媒体推广的成功与否在很大程度上取决于内容的质量以及传播策略的有效性。山东省旅游推广中心在建设文旅数据库的基础上，积极探索数智融媒技术，以实现内容的优化和最大价值的发挥。

一是打造山东省文化旅游新媒体推广"中央厨房"。为了有效应对上述提到的问题，山东省提出了建设一个集中的文化旅游新媒体推广"中央厨房"的概念。这个比喻生动形象地描绘了一个能够高效整合、处理及分配高质量内容至不同渠道或终端用户的系统架构。在这个框架下，"中央厨房"是"沿着黄河遇见海"文旅数据库的前身，它不仅汇集了来自全省范围内的海量数据资料，还通过采用先进的信息管理技术，解决了以往存在的素材分散、更新滞后等问题。

过去，文旅素材库面临着多个挑战。首先，各地市文旅新媒体账号之间的素材资源整合不够充分，区域间的联动较少，难以发挥出素材的最大价值。其次，现有的图片、视频、音频等素材普遍较为陈旧，版权标注模糊，质量参差不齐。最后，虽然素材数量庞大，但由于标注信息不完整，导致检索和使用这些资源非常困难。这些问题严重影响了文旅新媒体矩阵的建设和效果。

作为全域旅游发展的典范之一，山东凭借其丰富的文化与自然遗产，成功打造了"好客山东"这一品牌，取得了显著的市场反响和社会效益。为了进一步巩固和利用这一成果，齐鲁文化基因解码利用工程中的文旅数据库建设项目，旨在集合全省的文旅资源，解决文旅新媒体推广中的素材资源难题，进而促进新媒体矩阵内容的优化升级。

文旅数据库打造融合了文字、图片、视频、音频、虚拟现实等多样化内容的新媒体传播平台，实现一次性采集、全媒体呈现、多渠道发布。据统计，截至目前，"中央厨房"素材库已整合收录4万多张高清图片素材、139类高质量文旅产品、57种电子旅游手册等。更重要的是，还有一支由专业人员组成的队伍，前往山东省内各大景区、非遗、美食、文博场馆等进行专项拍摄，整理形成最新视频素材库。

例如，在沿黄城市聊城市，山东省旅游推广中心的专业团队深入挖掘并记录了当地丰富多彩的传统手工艺品制作过程，这些不仅仅是简单的技艺展示,更是对聊城深厚历史文化的一种传承。例如,团队拍摄了葫芦雕刻的全过程,从选材到设计图案,再到精细雕刻,每一个步骤都充满了匠人的智慧与耐心。葫芦雕刻作为聊城市的非物质文化遗产之一,不仅展现了当地人民对于美好生活的向往,还体现了他们精湛的手工艺术。此外,还有临清贡砖烧制技艺,这种古老的手工艺至今仍然出现在当地社区中。曾经贡砖以其独特的质地和美观的外观,在故宫建设中占据着重要地位。对这些传统手工艺的详细介绍与展示,不仅让更多人了解到聊城独特的文化风貌,还为当地的手工艺人提供了宝贵的宣传机会。

然而在海滨城市青岛,推广中心则将重点放在展示这座城市令人叹为观止的自然风光上。从第一海水浴场到八大关风景区、从奥帆中心到栈桥,每一处都是摄影爱好者的天堂。通过高清图片和4k视频的形式,不仅捕捉到青岛迷人的海天一色,还特别关注到了隐藏在其背后的故事——比如,如何通过保护海洋生态环境来维持这片海域的纯净美丽;或是讲述那些世代居住于此的人们是如何与大海和谐共存的。同时,青岛作为一个充满活力的现代化都市,其丰富多彩的城市生活也是不可忽视的一部分。因此,在介绍自然景观的同时,也不忘融入一些关于当地美食(如海鲜大餐)、节庆活动(如啤酒节)等内容,全方位展示了青岛的魅力所在。

二是创意推出数智融媒,赋能内容生产。在建成文旅数据库的基础上,如何充分利用这些资源,将其与新媒体营销形式有效融合,优化新媒体传播内容,使其发挥最大价值,成为重要的挑战。山东省旅游推广中心为此探索了多种渠道,力求通过数智融媒技术,促进文化基因解码利用工程真正赋能新媒体内容的生产。

首先,紧跟时事热点策划制作形式多样的内容。每周精心策划选题,实时跟踪演艺、体育等网络热点,结合文旅资源进行深度创作,以网友喜闻乐见的形式策划推出了"跟着演唱会去旅行""多留一天精彩翻番"等高参与度话题。例如,"跟着演唱会去旅行"活动将当地的文化节庆、特色景点与当红明星演唱会相结合,吸引粉丝和游客一同体验。这种结合不仅丰富了活动内容,还增强了地方文化的吸引力。抖音挑战赛期间,@好客山东发起"好客山东乐享六好"系列活动,在#好客山东乐享六好话题下,共收录视频1.5万余条，播放量达 4.1 亿次，开屏广告处展示山东文旅资源近 1000 万次，吸引 20 万人次进入话题活动页面。此次活动拍摄制作 15 条优质短视频，在抖音、快手、美拍等 App 同步宣传推广，单条播放量达 250 万次，单条点赞量达 6 万次。这表明通过精心策划与执行，能够显著提高用户的参与度和内容的传播效率。2024 年，新媒体矩阵借助文化基因解码成果，创作发布《最高荣誉，来自鲁Q》《山东方言版车牌歌》《跟着华晨宇的〈向阳而生〉一起邂逅山东浪漫日出》《都是东，同根生！有说有笑去东北，有欢有喜回山东！熟悉的旋律响起，小伙伴们，来山东嗨起来吧！》《熟悉的山，熟悉的她，泰山我又来啦！》等作品得到了广大网友的认可，近半年实现粉丝增长 93 万。这些作品不仅展示了山东丰富的自然风光和深厚的历史文化底蕴，而且通过与流行文化元素的结合，使山东文旅获得更高关注。最新数据显示，@文旅山东传播数据突出，是唯一一个总点赞数超过 20 万的政务及公共服务账号，以 1672 的 BCI 值蝉联榜首。①

其次，科学技术与文化基因相结合，塑造文旅虚拟体验场景。2023 年底，山东省完成了"好客山东融媒体推介展厅"的建设并投入使用，该展厅采用了 3D 动态直播、虚拟制片以及实景 VR 互动等多种创新技术，极大地促进了文化和旅游与现代科技的深度融合。依托全省各地的文旅资讯，山东省推出了《周末去哪玩》文旅资讯类栏目以及《好客山东说》专题访谈类栏目。这些节目利用融媒体的沉浸式互动体验和高效的传播优势，广泛宣传了文旅行业的新动态和发展成就。截至目前，已制作完成日常资讯播报类视频共计 25 条，专题栏目共制作了 6 期，总曝光量超过了 6614 万次。

最后，制订协同推广激励创新计划，鼓励多元主体使用文旅数据库。山东省还特别制订了协同推广激励创新计划，正式推出了 2024 好客山东文旅新媒体传播力提升计划。这一计划以好客山东新媒体矩阵为核心，旨在鼓励和支持各文旅企事业单位及自媒体创作者们充分利用现有的文旅数据库资源，创造出更多高质量的内容。通过举办优秀作品评选等活动形式，极大地激发了文旅新媒体创作的热情与创造力。

---

① 2024 年 3 月山东省新媒体影响力排行榜单及解读［EB/OL］.（2024-04-25）.腾讯网. https://news.qq.com/rain/a/20240425A06NS300.

总体来讲，在文旅新媒体矩阵内容优化方面，山东省旅游推广中心通过建设全面的文旅数据库和运用数智融媒技术，力求内容的高质量创作和精准传播。此举不仅解决了素材资源分散、质量不一的问题，还通过创新内容形式和跨平台合作，提升了用户的参与度和传播效果，真正实现了文旅资源的最大化价值，为"好客山东"品牌的推广和新媒体矩阵的进一步建设注入了新的活力。

（四）举办 2024"沿着黄河遇见海"文旅新媒体推广大会

自齐鲁文化基因解码利用工程启动后，山东旅游推广中心举办了2024"沿着黄河遇见海"文旅新媒体推广大会和"沿着黄河遇见海"图片展，助推文化基因解码后的创新转化，真正将文化资源转化为旅游资源、转化为山东经济腾飞的助力羽翼。

2024年4月11日，山东省文化和旅游厅与聊城市人民政府共同举办了2024"沿着黄河遇见海"文旅新媒体推广大会，大会以"新创意·新生态·新消费"为主题，借助新媒体的力量，实现文化基因转化利用，提升文旅推广水平，共同谋划文旅产业发展的新时代篇章。在启动仪式上，沿黄省（区）文化和旅游厅代表和新媒体平台代表共同启动了2024"沿着黄河遇见海"文旅新媒体推广活动。聊城市发布了"两河之约'新'动聊城"新媒体推广行动计划，介绍了聊城文化旅游的新线路、新业态、新形式、新体验，并向广大游客发出邀请，共享"两河明珠"的春日美好。大会邀请了三位文旅新媒体创作者，包括全球旅游达人@超级小包子、台湾美食博主@本人曲献平、星球研究所内容总监杨叙，从文旅体验、美食、人文地理等角度进行分享，讲述黄河故事。大会还征集了沿黄九省（区）反映黄河地域文化、自然风光、风土人情、文旅休闲等内容的高质量摄影作品数百幅，设置了"沿着黄河遇见海"图片展区，展示了新时代黄河流域的文旅资源和新风貌。此外，大会期间还举办了聊城文旅资源展、运河美食品鉴、"原风耳动"音乐巡游等活动，并通过新媒体直播形式对聊城旅游景点、文创产品、特色美食、打卡线路进行了重点推介。

此次大会加强了沿黄各省（区）之间的联系，促进了文化旅游资源的共享与整合，为黄河流域的生态保护和高质量发展提供了有力支持；"沿着黄河遇见海"品牌的影响力得到了显著提升，吸引了更多游客和媒体的关注，进一步推广了黄河流域的文化旅游资源；新媒体的应用不仅丰富了旅游产品的表现形式，还为传统旅游业注入了新的活力，推动了产业的转型升级，满足了人民群众高品质、多层次、个性化的出游需求；5G等先进技术的应用，为文化旅游业带来了全新的体验方式，展示了科技与文化相结合的美好前景。

总体而言，文旅新媒体矩阵建设是探索文化基因解码后如何实现文旅深度融合的一次成功尝试。齐鲁文化基因解码利用工程开展与文旅新媒体矩阵建设是双向赋能的过程，文化基因的解码、标注、集成和数字化，能够推动文旅新媒体账号产出更多更高质量的营销内容，并能够带动全域文旅新媒体推广联合发展、携手共赢。

二、文旅产品创新与创意营销："沿着黄河遇见海"打造独特体验

山东省旅游推广中心通过文化基因解码与利用，旨在进一步提升"好客山东"的品牌形象，并在此基础上推出更为丰富的文化旅游品牌——"沿着黄河遇见海"。这一过程不仅仅局限于创造新颖的新媒体宣传素材，更重要的是要通过创新来开发更具吸引力的文化旅游产品及富有创意的市场营销计划。

首先，齐鲁文化基因转化利用工作的首要任务是对现有"好客山东"品牌的全面审视。这包括识别其在市场定位、游客体验等方面可能遇到的问题，并结合当地深厚的文化底蕴提出有针对性的改进建议。通过这种方式，可以更有效地挖掘出那些能够触动人心的故事和元素，使之成为连接过去与未来、传统与现代之间的桥梁。

其次，基于对文化内涵深入理解的基础上，下一步是设计并推出一系列富含地方特色的文旅商品。这些产品不仅要能够反映出山东丰富的历史文化背景，还应该考虑到现代消费者对于个性化、高品质体验日益增长的需求。例如，围绕着重要历史事件组织深度研学活动，让游客能够在享受旅行乐趣的同时，也能够深刻感受到齐鲁大地独有的魅力所在。

此外，为了满足不同年龄层、兴趣偏好各异的广大游客群体的需求，还需采取多样化的营销手段来推广这些新型文旅产品。这可能涉及利用社交媒

体平台进行在线互动交流、举办线上线下相结合的主题展览等多渠道传播方式，以期吸引更多潜在客户的关注。

总之，通过系统性地开展上述各项工作，山东省旅游推广中心希望能够不仅巩固和发展"好客山东"的良好声誉，同时也成功打造出一个全新的、"沿着黄河遇见海"的文化旅游品牌，从而为更多人提供一个了解山东、爱上山东的机会。

（一）"好客山东"品牌塑造存在的问题

山东省旅游推广中心通过文化基因解码与利用工程，进一步强化"好客山东"这一省域旅游目的地品牌，并推动其向更高层次发展，即"沿着黄河遇见海"的全新文旅品牌。2007年，山东省旅游管理部门从目的地品牌打造和营销的角度，将"好客山东"确定为山东的省域旅游目的地品牌，并设计了系统形象标识，对外进行统一宣传推广。[①]"好客山东"品牌名称完美体现出山东人淳朴好客的人文品格和群体形象，因此，"好客山东"文旅品牌问世后，获得了广泛的认可和好评。

当前"好客山东"旅游品牌已经形成了以十大子品牌（文化济宁、仙境海岸、中华泰山·天下泰安、泉城济南、齐国故都、鲁风运河、水浒故里、黄河入海、亲情沂蒙、天上风筝飞天下潍坊美）为主，以特色村镇、美丽乡村等为特色的全域旅游品牌。借助"好客山东"文旅品牌，山东省成为国家全域旅游示范省之一。[②]

但是近年来，有学者就旅游满意度开展调查，发现不少消费者反馈"好客山东"品牌缺乏深刻内涵、推广内容杂乱等问题。[③]因此，齐鲁文化基因解码工程的建设实际上具有双重作用：一方面，它能够借助"好客山东"的品牌知名度和全域旅游的优势，为"沿着黄河遇见海"提供赋能；另一方面，它解决了"好客山东"品牌在文化内涵深度上的不足，确立了品牌赋能的准入标准，并进一步完善了"沿着黄河遇见海"的文化旅游品牌。

---

① 王德刚.好客精神培育与"好客山东"品牌打造：评《旅游目的地好客精神培育研究：以"好客山东"为例》[J].山东社会科学，2023（7）.
② 李英.乡村旅游品牌的强符号建构路径探析：以"好客山东"为例[J].新闻研究导刊，2019（10）.
③ 参见张志勇."好客山东"旅游者满意度存在的问题及对策[J].商业经济研究，2015（29）.

该工程首先通过对齐鲁文化的深入挖掘与解析，为"好客山东"注入新的生命力。它不仅是一个简单的品牌重塑项目，更是从根本上增强品牌的文化根基，使文旅产品更加贴近消费者的心灵需求。具体来说，这包括对地方历史故事、民间艺术、民俗风情、文物遗址、精神风貌等多方面的重新认识与包装，从而打造出既蕴含传统风情又贴合现代审美的旅游体验。

与此同时，齐鲁文化基因解码利用工程还着眼于未来，塑造"沿着黄河遇见海"这一全新文旅品牌。此项目不仅依托于"好客山东"已有的知名度与影响力，更重要的是通过引入更加丰富多彩的文化元素来吸引游客。比如，结合黄河沿岸独特的人文景观与海洋资源，开发出一系列集观光、休闲、教育于一体的综合性旅游线路，让游客能够在一次旅程中同时享受两种截然不同的自然美景与文化氛围。

综上所述，齐鲁文化基因解码利用工程对于解决"好客山东"IP所面临的问题具有重要意义。它不仅有助于恢复并加强品牌原有的魅力，更重要的是通过不断创新与发展，赋予其更加鲜明的时代特征和文化价值。因此，"好客山东"不仅将继续作为山东省一张亮丽名片存在，还将引领整个区域向着更加多元化、可持续的方向前进。最终目标是建立一个既有深度又能广泛吸引各类游客群体的文旅IP，使山东成为中国乃至全球范围内最受欢迎的目的地之一。

（二）研发文化深度体验游产品

在齐鲁文化基因解码利用工程实施过程中，省内文化资源得以谱系化、数字化处理，这一举措在研发文旅产品、设计研学路线、策划旅游路线时发挥出巨大的潜力。

"沿着黄河遇见海"文旅产品立足当前旅游消费群体的需求，特别是在亲子研学和传统文化体验方面，着重围绕黄河、运河、齐长城三大文化公园及研学、文化深度体验游、节庆活动等方向进行专题研发，梳理优化全省文化旅游资源，研发特色主题产品，全面丰富提升全省旅游产品体系。在确定消费群体需求和齐鲁文化资源优势之后，围绕实施"两创"战略和打造优秀传统文化传承发展高地的目标，山东多次组织了部门内部及跨部门的讨论，专注于文化深度体验游产品IP及其产品体系的构建。由此，山东推出了"中华优秀传统文化第一课"，显著提升了全省文化深度体验游中高端产品的层次。

表 5-2 研学旅游主题路线

序号	主题路线	主要节点	路线安排
1	"拜孔子儒学 游山水 寻非遗"研学之旅	济南—泰安—济宁	[济南]天下第一泉风景区（感受"千泉之城"的魅力）—百花洲（济南"家家泉水 户户垂杨"韵味的集中承载地段）—山东博物馆（解读齐鲁文化密码）—[泰安]泰山风景区（中华泰山成人礼）—泰山皮影艺术研究院—春秋古镇（民俗体验）—大宋不夜城—[济宁]三孔景区（拓片体验、孔子皮影）—孔子博物馆（孔府门神拓印体验、创意《论语》描红、非遗剪纸体验、非遗面塑体验）—孟庙孟府景区（"到孟子故里，养浩然之气，做大丈夫"系列研学活动）—济宁市博物馆
2	"邂逅深蓝秘境 寻梦海洋文化"研学之旅	烟台—威海—青岛—日照	[烟台]蓬莱阁景区（寻八仙过海传说）—龙口南山旅游景区（"知行合一·研学南山"龙口南山历史研学）—张裕劳动教育基地（葡萄酒工业生产线参观学习、体验自灌白兰地灌装/贴酒标、葡萄甲骨文手工、葡萄健步马拉松等）—[威海]刘公岛景区（现场研学甲午战争陈列馆、定远舰、互动体验舰船模型拼插）—威海海洋科技馆（体验海洋科普，学习海洋科技知识）—成山头（观看秦始皇东巡实景演艺）—荣成烟墩角村、东褚岛村（品尝荣成风味渔家宴，体验海岛民宿）—赤山景区（观石岛民俗风，赤山非遗创客中心）—文登区花饽饽文创基地（探寻胶东面食文化和特色民俗）—[青岛]奥帆中心（乘坐游轮"追鸥逐浪"）—五四广场（青岛标志性景点）—青岛海底世界—青岛啤酒博物馆—青岛一战遗址博物馆（"少年强则国强"爱国主义研学活动）—[日照]日照天台山旅游区（体验太阳文化特色研学游，动手操作陶器彩绘、香囊手作、金乌拓印等相关手作）—刘家湾赶海园/金沙岛海滨浴场（特色赶海拾贝、沙瓶画、农民画、沙滩高尔夫体验性课程）—丁肇中祖居（追寻丁肇中教授成长历程）—白鹭湾小镇（观看环境实验戏剧《玄龙》）
3	"追寻红色足迹 厚植革命情怀"研学之旅	菏泽—济宁—枣庄—临沂—日照	[菏泽]鲁西南战役指挥部旧址纪念馆（再现炮火连天的战斗场景，展现刘邓大军不畏艰险、不怕牺牲的英雄气概）—郓州博物馆—郓城水浒好汉城（感受水浒好汉的义气豪爽和水浒文化的博大精深）—单县湖西小延安寨红色旅游教育基地（参观革命先烈的故居，练习投掷手榴弹，体验穿越地道，手推支前磨盘，穿军装合影，骑兵穿行体验等）—[济宁]微山湖铁道游击队纪念园（吟唱《弹起我心爱的土琵琶》）—金乡羊山古镇军事旅游区（瞻仰鲁西南战役纪念馆，感悟英雄王杰"两不怕"精神）—[枣庄]枣庄铁道游击队景区（参观铁道游击队纪念馆，纪念碑前敬献花篮，观看红色情景剧《沙沟受降》）—八路军抱犊崮抗日纪念园（八路军抗日纪念碑祭奠革命先烈，参观学习纪念园革命历史展馆）—抱犊崮国家森林公园（汉服体验，舞龙舞狮演出体验，冰壶体验）—[临沂]沂蒙山银座天蒙旅游区—孟良崮旅游区—沂蒙红色影视基地—山东省政府和八路军115师司令部旧址（全面反映八路军115师及山东抗日根据地的革命历史文化）—沂水沂蒙山根据地（红色研学旅游文化圣地）—[日照]日照抗日战争纪念馆（全面记录抗日战争史实，纪念中国人民伟大抗日战争、弘扬伟大抗战精神）—丁肇中祖居（追寻丁肇中教授成长历程）—山东军区机关驻地旧址（通过参观山东军区军事工作会议旧址纪念馆等体验项目，感受革命先辈不畏艰辛、勇往直前的品质，弘扬艰苦奋斗的精神）

续表

序号	主题路线	主要节点	路线安排
4	"行走百年胶济传承非遗文化"研学之旅	济南—淄博—潍坊—青岛	［济南］胶济铁路博物馆（了解济南开埠历史，沿百年胶济铁路文化体验线，熟悉百年铁路发展历史）—明水古城（参观巍峨的城墙古建、热闹的古街古巷）—济南野生动物世界（科普、种植、农耕蔬菜采摘、喂养动物、非遗面塑、剪纸）—［淄博］周村古商城（参观周村古商城，学习扎染、蚕茧画、汇票、缫丝、冰染、锦灰堆等10余种研学课程）—山东百年课本博物馆—淄博金祥琉璃博物馆（参与体验琉璃烧制过程）—齐文化博物院（参观齐地特色文物专题陈列，感受齐国故都八百年的兴衰变迁；了解"足球文化百科全书"）—［潍坊］十笏园（在非遗空间体验年画、泥塑、风筝、蛋雕、面塑等非遗项目）—青州古城（实景演出等）—青州博物馆（历史文物探秘、手制拓片体验、青博寻宝等研学活动）—青云山民俗游乐园（安丘木版年画、安丘泥人、孙膑拳、安丘剪纸、齐鲁三绝等技艺）—［青岛］崂山风景区（"海山仙山""山东植物王国""天然药库"，探访千年道观。一起寻找李白写给崂山的诗刻，感悟跨越千年的文化底蕴）—二月二农场（国学游园——非遗迎新，体验石磨豆腐、纸杯蛋糕制作过程）—即墨古城（传统糖画、剪纸、手工汉服包、丝网印刷、线装古书、射艺投壶、木板印刷等民俗体验）—莱西木偶艺术馆、莱夷文化礼乐博物馆
5	"探索自然奥秘遇见生态之美"研学之旅	潍坊—青岛—烟台—威海	［潍坊］竹山生态谷（巧手做花馍等研学课程）—诸城市恐龙博物馆、诸城中国暴龙馆（恐龙化石研学探秘）—阳光曼波雨林生态科普馆（雨林生态馆、沙漠植物馆、萤火虫溪流生态馆、昆虫旅馆等原生态场景）—［青岛］青岛极地海洋世界（海洋小课堂，探索极地海洋奥秘）—青岛森林野生动物世界（了解动物栖息地保护）—明月海藻世界景区（体验小小观察员、我是海洋小勇士、小小艺术家）—青岛贝林自然博物馆（参观马来西亚文化展、新春昆虫标本展）—［烟台］长岛海洋生态文明展览馆（了解生态系统的分类；了解长岛常见的植物、海洋生物、鸟类资源）—长岛老海岛精神纪念馆（聆听长岛的双拥故事，传承"海岛为家、艰苦为荣、祖国为重、奉献为本"的老海岛精神）—昆嵛山国家森林公园（通过野外探寻和展馆科普学习，深入学习生态保护知识，了解昆嵛山自然保护区的情况及生态保护成果）—［威海］荣成天鹅湖（感受上百只大天鹅腾空直上、迎风起舞的景观）—荣成大天鹅科普馆（通过VR沉浸式影院，身临其境地体验大天鹅的迁徙过程）—成山头景区（中国最早迎接海上日出的地方，观看秦始皇东巡实景演艺）

续表

序号	主题路线	主要节点	路线安排
6	"探寻黄河文脉弘扬文化精髓"研学之旅	聊城—济南—德州—滨州—东营	[聊城]景阳冈·狮子楼研学基地（参观狮子楼景区，体验宋朝市井，参与体验山东快书、变脸谱、皮影戏，学习制作张秋木版年画，跟着课本游景阳冈，身临其境感受武松打虎的情境）—东阿阿胶城（了解阿胶文化发展历程，传承中医药文化研学，体验"药王故事""阿胶文化""中药香囊"制作等20余项研学主题活动）—[济南]济南华侨城欢乐荟（通过现代化数字技术打造的"国家宝藏""中国国家地理"，感受中华传统文化与现代艺术的碰撞）—印象济南·泉世界（非遗拓印体验，学习济南商埠时期的风格建筑，理解济南开埠时期的历史人文内涵）—济南百里黄河风景区（欣赏被誉为中国"水上长城"的黄河堤防、险工、涵闸等工程景观，还可观赏有"悬河"之称的黄河主干道）—[德州]欧乐堡动物王国（民俗体验产品"生命的协奏曲"）—黄河文化博物馆群（寻访古物前世今生，了解黄河流域悠久文化）—夏津黄河故道森林公园（老黄河之遗迹，有地文、水文、生物、天象等自然景观，又有古遗迹、神话传说等人文景观）—德百旅游小镇（赏民俗、看表演、品小吃等）—德百杂技蟋蟀谷（进景区逛黄河大集）—[滨州]孙子兵法城（学习齐文化，感悟国学之礼）—鑫诚田园生态旅游区（冰雪世界＋亲子萌宠，体验扎染、陶艺拉坯、捏塑等）—魏氏庄园（体验剪纸、制鼓、石磨石碾、古彩戏法等）—[东营]孙子文化园（体验古法拓印、齐毛笔制作）—东营黄河口知青小镇（参观农垦文化博物馆、油画博物馆、一战华工纪念馆）—黄河口生态旅游区（位于黄河现行入海口处，区内拥有河海交汇景观、生态湿地、珍稀濒危鸟类、滨海滩涂景观和石油工业等独具特色的生态旅游资源）
7	"重走黄金水道感受古运魅力"研学之旅	枣庄—济宁—聊城—德州	[枣庄]枣庄台儿庄古城（社火巡游、竹马会、瑞兽、英歌舞、皮影戏、柳琴戏等）—滕州微山湖红荷湿地景区（包含近百处光影打卡、沉浸式演绎体验、特色美食街为一体，呈现一场大美新春盛宴）—[济宁]运河记忆旅游休闲街区（乘船夜游，品味非遗文化、在"桨声灯影"里领略千年运河文化、触摸济宁历史）—太白楼—南阳古镇景区（体验渔家婚礼、鱼鹰捕鱼、摇橹船等）—[聊城]蚩尤陵旅游区（了解东夷文化、农耕文化，"识五谷、辨五谷"，了解二十四节气，体验农耕生活）—山陕会馆（百年会馆，运河遗风，集房屋构造、木雕、砖雕、石雕、书法、建筑彩绘之精华为一体，感受灿烂的传统文化）—中国运河文化博物馆（重现古老运河的风貌遗韵和沿岸城镇的民俗风情）—[德州]中国驿·泉城中华饮食文化小镇（了解齐河黑陶的历史文化底蕴和现代意义；非遗传承人现场教学，学生亲手制作属于自己的黑陶作品）—禹城梁家镇桂庄村（体验投壶、糖葫芦、剪纸等项目）—平原德百奇石博物馆（"感知奇石，传承经典""传统中国礼""探索德州文明，寻找文化之根"等20多个研学旅行项目）—德州董子文化街（体验木刻刀笔书画、金丝彩贴、黑陶、和香非遗项目）—德州运河古街（观赏博物馆，体验产品收藏）

续表

序号	主题路线	主要节点	路线安排
8	"领略乡村风貌寻觅乡愁记忆"研学之旅	临沂—淄博—泰安—菏泽	［临沂］压油沟景区（美陈展示、特色演艺、赶集）—兰陵中国知青村（体验磨豆子做豆腐、烙煎饼）—竹泉村红石寨景区研学基地（"竹林、泉水、古村落"，临沂本地的传统文化与自然生活体验相结合）—沂蒙花开旅游区（体验科技农业、航空航天、艺术研学等）—［淄博］三水源生态旅游度假区（跟着二十四节气过大年）—淄博颜神古镇陶琉文化基地（琉璃吹制表演、琉璃吹制体验、灯工琉璃体验、陶瓷泥塑体验、陶瓷拉坯体验）—［泰安］宁阳县复圣文化园景区（体验颜氏家训临摹、手工线装书、射艺体验、汉服租赁等活动，了解颜子独特的精神品格）—五埠岭"伙大门"景区（传统手工艺制作展演）—［菏泽］巨野核桃园镇前王庄村（探寻青石砌墙、灰瓦覆顶的"石头寨"传统民居群）—单县林台古镇景区（黄河故道文化展示、林台民俗文化展示、民俗文艺活动展示研学）

围绕中华优秀传统文化第一课，探索文化深度体验游产品 IP。与国内知名高端旅行商渠道合作，面向研学、游学、文化考古、亲子等客群，研发山东中高端文化体验产品。围绕休闲度假，探索山东高品质度假产品 IP。面向中高端客群，整合如烟台山海海洋之星、威海爱伦湾等海洋牧场、龙亭酒庄、逃牛岭酒庄等高端餐饮，青岛瑞吉酒店等高端住宿，打造高品质旅游产品，融合帆船游艇等高端休闲、美酒美食高端品鉴、文化体验等高端消费的定制化产品。围绕传统节庆及文化，探索山东文化节会品牌。整合山东具有传统文化场景特色的古城街区、文博场馆等，形成跨区域、跨时段、跨界融合的山东文化节会品牌。围绕山东美食，探索美食体验游产品 IP。以山东的海鲜、湖鲜、河鲜以及各类果蔬生鲜等山东美食及特产为切入点，打造贯穿全年、联动全省的山东美食旅游产品 IP。

2024 年，"黄河入海·山东'沿着黄河遇见海'自驾之路"被评选为"中国之路"十大自驾精品路线。这条路线是山东重点打造的文旅产品，充分发挥山东沿黄、沿海区位优势，把黄河旅游、滨海旅游通过廊道方式有机串联起来，打造"黄蓝交汇 向海而行"主题路线，沿线既串联菏泽曹州牡丹园、水浒好汉城、曲阜三孔、东岳泰山、景阳冈、趵突泉、黄河入海口等经典景区，也打通了向潍坊、烟台、威海、青岛延伸路线，串联起蓬莱阁、刘公岛、崂山等胶东名胜。①

一方面，做好文旅产品研发工作，开发"好客山东·好品山东"旅游购物大礼包。根据不同客群需求和商品特点，策划推出了国泰民安、黄河入海、匠心筑梦、花颜月貌、多福多寿、金榜题名、食全食美七大主题大礼包。

大礼包结合当下国潮复兴潮流，以七种中国色匹配相应主题并定制主题包装。其中"中国红"代表"国泰民安"大礼包，主打具有山河锦绣、安居乐业等家国情怀和美好寓意的产品；"琉璃黄"代表"黄河入海"大礼包，以"沿着黄河遇见海"为主题，紧扣黄河战略和海洋强省战略，主推沿黄九市（区）和沿海城市地方特产；"淡松烟"代表"匠心筑梦"大礼包，以山东手造产品为主，体现了山东手造对传统技艺的传承和创新；"玉脂白"代表"花颜月貌"大礼包，专为女性消费群体设计，主打美容养颜、养生保健类商品；"青花蓝"代表"多福多寿"大礼包，以老年人、长辈为产品受众，凸显宁静祥和的氛围，以福寿安康、长命百岁、平安如意等吉祥寓意和健康养生类的商品为主；"光明砂"代表"金榜题名"大礼包，专为青少年消费群体而设计；"国槐绿"代表"食全食美"大礼包，谐音"十全十美"，主打鲁产特色食品和农副产品等，选品组合彰显山东地大物博、物阜民丰的特色。②

2024年，"好客山东·好品山东"主题展在第七届中国国际进口博览会展出。"好客山东"展台分为文旅资源展示区与文创产品展示区。文旅资源展示区借助多媒体技术，包括视频播放、高清图片展示以及旅游宣传资料的发放，全方位地向游客推荐山东的精品旅游路线。现场特别准备了诸如《转山东》《行走山东》《手绘旅游地图》以及《自驾游地图》等多种形式的旅游指南，方便游客深入了解山东的文化遗产与自然风光。这些展示内容充分吸收了齐鲁文化基因解码利用工程的研究成果，使游客能够更直观、深入地领略山东丰富多彩的历史文化和自然景观。

文创产品展示区汇集了来自山东省各地的文博文创商品、景区特许商品、

---

① 2024"中国之路"十大自驾游精品线路，山东这条路入选.微信公众号"好客山东之声"［EB/OL］.（2024-10-27）.https://mp.weixin.qq.com/s/vP2MQZ5Fs3UqD1Z1ZYgKGg.

② 携山东好品 享好客山东："好客山东·好品山东"旅游购物大礼包亮相旅发大会［EB/OL］.（2023-03-26）.鲁网.https://sd.sdnews.com.cn/yw/202303/t20230326_4204838.htm.

景区 IP 衍生品以及城市主题纪念品等，让每一位到访者都能感受到齐鲁大地深厚的历史积淀与现代创意的完美融合。这些文创产品的设计灵感同样源自齐鲁文化基因解码利用工程所揭示的文化精髓，确保每一件作品都能够真实反映山东的独特魅力。本次展出获得了许多年轻人的驻足选购和观赏，极大提升了"好客山东"IP 的影响力。

另一方面，在人员密集的景点、高校举办宣传推广活动，如在济南市超然楼景区举办"畅游齐鲁 乐享生活"主题旅游年启动仪式，策划"畅游齐鲁 乐享生活"春季和夏季专题推介会，分别推出乐在"眼"前的踏青赏花等五大主题产品及"乐享清凉"等六大主题产品。这些产品不仅涵盖了自然风光、美食文化、休闲娱乐等多个方面，还充分展示了山东深厚的历史文化底蕴和现代旅游的发展成果。

2024 年 9 月，"跟着孔子游山东"2024 山东文旅主题推介活动在清华大学举办，通过文旅推介、非遗市集、游戏互动等形式，向北京高校师生展示"孔子家乡 好客山东"的魅力。[①] 在活动现场，山东省政府党组成员、副省长温暖通过"礼运东方——山东古代文明精粹"特展、《孔子圣迹图》、孔府菜三组照片，向在场嘉宾浓缩概括了"好客山东"的独特魅力。清华大学党委常委、副校长郑力表示，清华大学将鼓励更多学子到山东开展实习实践、文化交流、参观旅行，相信两者相遇定会擦出不一样的火花。

这些活动都是对齐鲁文化基因解码成果的深层次利用，为游客提供了更加深入的文化体验。无论是春季和夏季专题推介会，还是在清华大学的推介活动，都有效地擦亮了"好客山东"IP，提升了"沿着黄河遇见海"文旅品牌的知名度和美誉度。

（三）针对多元群体，开展新形态文旅产品营销

针对当前旅游市场人群细分化、市场需求日趋多元化的特征，分人群开展有温度、有参与性、有场景化的新形态营销推广活动，拉近好客山东与旅游消费热点人群的距离，塑造更加生动活泼、年轻开放的好客山东品牌形象。

一是针对年轻客群开展主题营销推广活动。以音乐节、美食、城市考古、

---

① 跟着孔子游山东！2024 山东文旅主题推介活动走进清华大学［EB/OL］.（2024-09-22）.澎湃新闻. https://www.thepaper.cn/newsDetail_forward_28819777.

潮流户外等年轻群体喜欢的文旅产品为载体，在户外以 Live 路演的形式举办系列推广活动，以创意化线上传播和互动性、体验性线下推介为媒介，让年轻客群亲身感受山东包容、时尚的城市氛围，自发开展山东旅游宣传。2024年 10 月 26 日，2024"好客山东 爱驾齐鲁"主题推广活动在泰安市天平湖景区举行。这次面向热爱自驾旅行的客群，发布了"爱驾齐鲁"的主题路线，发布"多彩之旅""纵横之旅""嗨玩之旅""潮玩之旅""寻味之旅""乐宿之旅"六大主题 18 条线路。自驾游爱好者沿着这条线路，从黄河沿岸到沂蒙山区、从黄海之滨到泰山山麓，一路与黄河、海洋和山岳相遇，感悟"沿着黄河遇见海"的神奇魅力。

二是针对亲子客群，开展"童趣山东"整合营销推广活动。线上，运用童趣的方式开展参与性强的线上主题推广，通过高质量内容营销引导亲子家庭出游选择；线下，以亲子书店、儿童乐园、知名商场等为载体举办同主题亲子活动，吸引亲子家庭关注和互动；业内，与国内领先的亲子游供应商如"宝贝走天下""麦淘亲子"等开展合作，推动山东特色亲子旅游产品上架，实现营销推广一体化。2024 年暑期，山东文旅推出多条精品亲子游路线，如泉城欧乐堡动物王国亲子游、烟台山海海洋之星亲子游、威海海驴岛亲子游等，并定向推广到亲子专题的新媒体账号。

三是针对女性群体，开展跨界营销推广。联合东阿阿胶、张裕葡萄酒、平阴花养花玫瑰等女性群体喜爱的知名品牌开展沉浸式路演推介，推出女性群体喜好的文旅产品、文创产品，充分利用品牌的渠道资源，激活品牌在全国范围沉淀的女性粉丝群体，实现旅游产品、文创产品、旅游商品的一体化融合推广。

四是针对自由行群体，借助 OTA 平台形象展示、品牌推广、精准营销等聚合功能，组织开展具有全国性影响力的整合营销，以更多的"流量"赋能山东文化旅游发展。联合携程打造好客山东专题页，2023 年升级为好客山东星球号，整合平台高品质的住宿、门票及度假产品，利用消费券发放、优质图文攻略、达人打卡分享、专业培训等内容，开展矩阵式整合营销。星球号自 2023 年 9 月上线至今，累计粉丝量近 11 万人次，综合曝光量超 3.4 亿次，在平台拉动直接旅行消费近 8460 万元，间接性带动旅行消费近 5.82 亿元。联合同程打造山东文旅旗舰馆,整合主题推广、限时抢购、直播带货、社群推送、线下路演等线上为主、线下联动的方式进行推广营销。联合美团打造好客山东品牌馆,以本地化和周边游为主要方向,举办"美好生活帐篷节"线上露营打卡大赛和线下达人采风、#秉烛游山东#夜游话题分享及点评、"露营产品开发及推广"线上培训等营销活动。

第六章　齐鲁文化基因解码利用赋能文旅融合的实施成效

自2023年10月齐鲁文化基因解码利用工程实施以来，山东省旅游推广中心负责文化基因解码之后的文旅融合实践，深度探索文化基因助力旅游新媒体宣传、文旅品牌塑造、文旅产品研发等方面的路径。经由一年的实践，山东省旅游推广中心建立了文化基因数据库——"沿着黄河遇见海"文旅数据库，借助文化基因数据库推动新媒体宣传内容优化和文旅产品创新，实现了文化基因的转化利用。本章聚焦于齐鲁文化基因解码利用工程在文旅融合中的实施成效，探讨齐鲁文化基因转化利用对山东文化旅游业的发展，以及山东文化保护事业的积极作用。

一、山东文旅新媒体矩阵的优化升级成果显著

（一）建成推广效果突出的境外新媒体矩阵

为进一步提升山东省的国际旅游形象，山东省旅游推广中心对"好客山东"境外新媒体运维项目进行了全面升级。此次升级不仅涵盖多个主流社交媒体平台，如Facebook、Twitter、Instagram、Tiktok、Youtube、Google等，而且针对不同语言背景的目标受众提供了包括英文、韩文、日文及中文繁体在内的多样化内容服务，构建了一个更为广泛且多元化的国际传播网络。

2023年，"好客山东"项目以"好客山东 好品山东（Friendly Shandong Remarkable Shandong）"为主题，面向韩国、日本、中国港澳台、欧美、东南亚等多个山东省主要入境客源市场，综合性的市场营销活动。通过这一系列

举措，项目旨在加深国际社会对于山东作为旅游目的地的认识，并强化其在全球范围内的品牌形象。

其间，"论语课堂""宝藏山东""山东味道"等特色栏目持续更新。同时新增设了"这就是山东""山东好风光""舌尖上的山东""山东奇遇记""人文山东""玩转山东""山东奇妙之旅"以及正在策划中的"老外在山东"等多个新颖有趣的专题板块。利用高质量图片、引人入胜的文字描述、创意十足的宣传海报以及短小精悍的视频材料等形式，有效地促进了与海外观众之间的沟通桥梁建设，极大地增强了山东文旅品牌的国际知名度。

从数据上看，2023年1月至10月，"好客山东"官方账号在Facebook（英语、日语、汉语、中文繁体）、Twitter（英语版）、Instagram（英语、韩语）、TikTok以及YouTube等五大平台9个账号上，累计发布贴文1553篇，其中原创贴文1541篇、视频258条。这些内容获得转评赞等互动量达595万次，视频播放量1245万，总粉丝数达183.8万。在同期全国范围内省级文化和旅游新媒体国际传播力排行榜上，"好客山东"的表现尤为亮眼，几乎每个月都能成功跻身前十大行列之中（除2月、5月因特殊原因未公布排名外，截至2023年10月最新一期报告尚未出炉）。

2024年，海外新媒体账号继续深化并拓展"沿着黄河遇见海"这一主题下的文化探索之旅。该项目不仅致力于挖掘并展现齐鲁大地深厚的文化底蕴及其与黄河之间独特的历史联系，还将进一步巩固和扩大"好客山东"这一旅游品牌形象在国际舞台上的影响力，力求让世界各地更多的人了解到山东丰富的旅游资源与魅力。

（二）建成国内最大、最有影响力的文旅新媒体矩阵

山东在新媒体蓬勃起步时期就已经抢占先机，是首批开通微博、微信的文化和旅游厅，并抢先一步入驻抖音、快手等平台。目前，"好客山东"已开通同名头条号、微信、抖音、小红书、B站等20多个账号，涵盖国内主流社交平台、短视频平台、资讯分发平台等，全面构建新媒体宣传矩阵。

2024年，充分利用各新媒体平台，做好山东文旅资源线上宣传推广工作，严把信息发布内容质量关，有针对性地推送滨海旅游、文博展览、山岳旅游、红色旅游、城市线路、文创产品等优质旅游资源，矩阵共发布旅游资讯1.1万余条，阅读量（播放量）达6亿次。打造的《对诗免票、半价游园……四月来山东，你想要的福利都在这》《难得一见！山东这么多奇观你见过几个？》《山东很好下次还来》《山东吃鸡地图》《山东车牌之歌》等成为爆款内容。

自2024年齐鲁文化基因解码利用工程开展以来，新媒体矩阵的影响力持续上升，并创办了多个网络热点营销活动。春节期间，以"升腾山东"为主题，拍摄制作11条视频在"好客山东"新媒体矩阵上线，总曝光量超2100万。同步推出"齐乐龙山东年"营销推广活动，宣传山东省春节民俗，制作发布公益广告《遇见》，取得良好的宣传效果。开展"好客山东美美与共"网络营销推广活动。联动十六地市文旅局及主要景区景点，共推话题出圈，尤其与聊城、泰安搭建的母子话题有效提升了话题曝光量。截至目前，"好客山东美美与共"话题总播放量达到25.3亿，已成为全国文旅类话题播放量第一。在2024巨量引擎城市生态大会上，该活动作为四个典型案例之一被重点推广。系列话题内容54次登上抖音本地热榜，3次登上全国热榜前十，省市文旅官方抖音账号累计涨粉突破200万。开展"沿着黄河遇见海"主题系列推广活动。在聊城召开"沿着黄河遇见海"新媒体推广大会，邀请文旅部资源开发司领导、沿黄九省文旅厅领导、新媒体平台代表参会，集合各平台资源，助推全省文旅新媒体推广赋能升级；同步举办主题图片展，集中展示新时代黄河流域文旅资源新风貌。邀请省内知名青年画家、摄影师、网红达人等开展"沿着黄河遇见海"融媒创意实地采风活动，助力提升"沿着黄河遇见海"文旅品牌影响力。

网络直播已经成为当前新媒体营销的热门方式，其营销效果和推广范围更加广泛。山东省旅游推广中心在2024年上半年共计进行50余场直播，总曝光量近2.5亿，持续提升"好客山东"品牌价值。以2024山东省文旅产业高质量发展大会为契机，"好客山东·亲情沂蒙"主题直播活动，在7个平台联动直播7场，总观看量达1866万。"好客山东大咖说"文化探索主题游直播活动，邀请@厦门小威、@西安肖静、@大咖说大春哥、@大咖说阿贵及省内文博大咖、知名导游、优秀讲解员共同组建"好客山东大咖团"，联动20家媒体同步直播，5天5城累计直播10场，总观看量达1.5亿，集中呈现山东省坚持文化"两创"优秀成果，引起极大反响。陆续开展32场文旅推广、非遗、民俗、夜经济、音乐会等专题内容的直播，累计实现9134万曝光量。

2024年，齐鲁文化基因解码利用工程与新媒体矩阵相互助力，真正实现了既有文化内涵又有传播效果的传播营销共赢模式。一方面，文旅数据库建成以后，新媒体账号的图文、短视频等内容制作更加快捷，能够实现高效捕捉社会热点，助推文旅新媒体营销的高"流量"、高"口碑"。另一方面，借助庞大的新媒体矩阵，齐鲁文化基因解码利用工程成果常态化通过图文、视频、海报、手绘漫画等网友喜闻乐见的形式进行多渠道传播，对"沿着黄河遇见海"品牌进行全面、即时、立体化宣传推广，真正实现了齐鲁文化基因解码利用工程的价值意义。

二、文化数字化保护推动旅游高质量发展成效突出

（一）文化保护与传播

齐鲁文化是中华文明的核心部分，拥有着非常丰富的文化资源，这些文化资源也拥有着极其深厚的历史底蕴。在儒家文化、沂蒙文化、泰山文化等显性文化之外，山东人民的日常生活中也存留着大量的隐性文化、优秀的民风民俗和感人的故事，这些文化需要得到关注、保护和传播。但是，在过去的很长一段时间里，由于研究与整理工作的分散性，缺乏统一规划，导致齐鲁文化整体影响力不足，难以形成合力来推动其传承与发展。

正是基于这样的背景，齐鲁文化基因解码利用工程应运而生。齐鲁文化基因解码利用工程通过对文化资源的数字化处理，建立了庞大而详尽的文化基因数据库。这不仅为后续的文化研究提供了强有力的数据支持，更重要的是，它开启了利用现代科技手段保护齐鲁文化的新篇章。

具体来说，像山东博物馆推出的"衣以载礼——明代服饰数字活化体验"项目就是一次成功的尝试。通过高精度扫描、三维建模等先进技术，他们将珍贵的明代服装文物以数字化形式呈现出来，使人们能够在虚拟环境中近距离接触甚至"试穿"这些古老服饰，从而达到教育普及与文化传承的目的，同时实现了传统文化与现代技术的深度融合，有效保护了明代服饰这一珍贵的文化遗产。

与此同时，通过数字化手段，齐鲁文化得以更广泛的传播。随着互联网

技术的发展和社会媒体平台的普及，齐鲁文化基因解码利用工程充分利用了这一趋势，构建起覆盖范围广泛的新媒体传播矩阵。例如，"好客山东"品牌下的新媒体账号在Facebook、Twitter、Instagram等多个国际知名社交网站上活跃发声，定期发布关于山东历史、艺术、美食等方面的内容，并采用多语言版本以满足不同国家和地区用户的阅读需求。这一项目极大增强了齐鲁文化对外传播能力，增强了山东人民的认同感。

（二）文化认同和社会凝聚力增强

文化认同本质上是一种身份认同，是自我身份正当性的确认。"文化认同就是指对人们之间或个人同群体之间的共同文化的确认。使用相同的文化符号、遵循共同的文化理念、秉承共有的思维模式和行为规范是文化认同的依据。认同是文化固有的基本功能之一。拥有共同的文化往往是民族认同、社会认同的基础。"[①] 借由齐鲁文化基因解码成果开展的文化旅游深度融合工作，本质上是通过文旅产品和文旅宣传的形式，向全社会展示出齐鲁文化的博大精深以及齐鲁儿女的精神风貌。山东人通过共有文化理念、思维方式和行为模范的确认，感受到共同性和意义性，增强了公众对齐鲁文化的自豪感和认同感。例如，齐长城作为齐鲁文化的重要象征，见证了中华民族的悠久历史和辉煌成就，增强了民族凝聚力。

项目通过国际交流和合作，促进了齐鲁文化与世界其他文化的交流互鉴。例如，山东省文旅厅积极推动"东亚儒学探源地""中华文明从未间断见证地"等重点工程，提升了齐鲁文化的国际影响力。"东亚儒学探源地"工程，旨在深入挖掘和研究齐鲁大地作为儒学诞生地的独特地位及其对东亚乃至世界的影响。通过这一项目，山东省加强了与东亚其他国家和地区，特别是与中国文化有着密切联系的日韩等地的文化交流与合作。比如，在山东举办的"世界古典学大会·走读中国之齐鲁印象行"活动中，来自希腊、德国、意大利、美国、日本、加拿大、俄罗斯和阿根廷等国家的知名学者齐聚一堂，共同探讨了世界文明多样性和文化交流的重要性。这样的活动不仅增进了国际的学术交流，还为齐鲁文化走向世界搭建了重要的平台。

---

① 崔新建.文化认同及其根源[J].北京师范大学学报（社会科学版），2004（4）.

（三）旅游业高质量发展

借助信息化手段，齐鲁文化基因解码工程还致力于打造多层次、宽领域的国际传播网络，这不仅有助于向世界讲述山东故事，而且能够推动文旅产业的高质量发展。通过数字化平台，游客可以轻松获取详尽的文化背景信息，包括历史沿革、文化价值以及相关的学术研究成果等，这样的互动体验大大提高了旅游体验的质量。

此外，结合 2024 年旅游市场的亮点和热点，齐鲁文化基因解码利用的文旅融合探索也不断推陈出新，2024 年 9 月 29 日组织举办"2024 中国国际孔子文化节"。本次活动邀请国内外文庙书院管理者、专家学者共聚曲阜，旨在追寻至圣先师的人生足迹，研讨保护儒家文化遗产思路举措，更好促进文明交流互鉴。这是对齐鲁文化基因解码利用成果的一次成功转化，说明项目能够切切实实地促进旅游业的高质量发展。

不仅如此，齐鲁文化基因解码利用工程通过数字化手段，提升了文化旅游产品的吸引力。例如，博物馆游、考古游、非遗游等新兴旅游项目都成为当下热门的选择。这些新颖的形式不仅满足了公众对于深度文化探索的好奇心，同时也为当地创造了可观的经济收益。据统计，在山东省内，已有 620 余处省级以上的文物保护单位被转化为旅游景区并对公众开放；而全省范围内超过 800 家博物馆每年平均接待游客数量更是超过了 8000 万人次，这无疑是对山东省旅游业蓬勃发展的最好证明。

第七章 齐鲁文化基因解码利用工程在文旅融合实践中存在的问题

在实际操作过程中，齐鲁文化基因解码利用工程在文旅融合领域的实施面临着一系列挑战，这些问题不仅制约了齐鲁文化的有效传播与经济价值的实现，同时也影响了地方文化特色的彰显和区域品牌的塑造。

本章首先概述了齐鲁文化基因解码利用工程在文旅融合实践中所遇到的主要问题，包括文化基因数据库使用力度不足、文旅标识意识薄弱以及对山东人民当代生活故事挖掘的欠缺等。针对上述问题，本研究进一步探讨了其背后的原因，比如数据库用户基数小、应用场景单一、文旅宣传缺乏联动性和创新性以及对普通山东人生活故事的关注不足等现象，并对其产生的不利影响进行了详尽分析。随后，本章提出了针对性的解决策略，旨在通过优化用户体验、增强民众参与度、加强文旅标识建设以及深化对当代生活故事的挖掘等措施，全面提升齐鲁文化基因解码利用工程的效果，助力齐鲁文化在新时代背景下的传承与发展。

一、存在的问题

（一）文化基因数据库使用力度不够，未能发挥其文旅融合潜力

建立一个文化基因数据库，是齐鲁文化基因解码利用工程对于各个试点单位的基本要求。本课题组主要攻克的是文旅融合部分，建立的是"沿着黄河遇见海"文旅数据库。齐鲁文化基因解码利用工程对于文化基因数据库的要求是，构建齐鲁文化大模型，探索依法进行文化数字资产管理，探索依法

推动数据交易。换言之，文化基因数据库建设的目的可理解为三个方面：一是文化基因的系统化存储；二是文化基因的版权化管理；三是文化基因的经济价值转化。"沿着黄河遇见海"文旅数据库在系统化存储与版权化管理这两个方面颇有成效，已经建立了闭环工作机制和入库标准、标注工作标准等。但是在文化基因的经济价值转化方面，仍有不足之处。

之所以认为其经济价值转化不足，主要在于文化基因库的使用力度不够，未能真正发挥其在文旅融合中的价值。"沿着黄河遇见海"文旅数据库的建设方为山东省旅游推广中心，因此，该数据库最直接的经济价值转化路径是文旅宣传与推广。但是，山东各地方文旅宣传对于该数据库的使用完全不充分，主要表现在用户基数小、应用场景狭窄、数据利用率低、大众访问兴趣低。一是用户基数小，数据库仅向合作单位开通了授权下载，面向公众的端口仅可以浏览，不能够下载，因此导致用户数量不多、活跃度较低，这直接影响了数据库的影响力和价值转化。二是应用场景狭窄，数据库中的资源主要用于文旅宣传和推广，但实际的应用场景相对单一，未能拓展至更广泛的领域，如教育、科研、文创产品开发等。三是数据利用率低，数据库中大量有价值的数据未得到有效利用，很多资源处于闲置状态，没有转化为实际的产品和服务。四是大众访问兴趣低，数据库提供的内容多为静态的信息展示，用户无法下载，也无法点评和点赞，导致缺乏互动性和趣味性，难以吸引广大用户的关注和兴趣。例如，该数据库面向大众的端口处，最高下载量的图片为"济南市红叶谷外观鸟类平拍全景"，下载量仅为130次。

尽管"沿着黄河遇见海"文旅品牌涉及山东省内沿黄、沿海的多个地市，但各地市在宣传推广中的联动性较弱，同质性内容多，导致文化基因数据库的效用未能充分发挥。目前，各地市在进行"沿着黄河遇见海"文旅品牌宣传时缺乏有效的沟通和协调，更缺乏自主创新，导致同样的素材被重复使用，或者某些地市未能充分利用数据库中的优质资源，降低了资源的利用效率。此外，各地市在文旅宣传中缺乏联动活动，单独的宣传活动难以形成规模效应，难以吸引广泛的用户关注。例如，2024年10月，"沿着黄河遇见海"（第二季）暨"千秋一河大潮阔"网络主题宣传活动，各地市文旅账号仅发布了本次活动的新闻通稿，未能结合自身地域优势和文化基因数据库的庞大资源，制作出具有个性化和创新性的文旅宣传内容，导致数据库使用效果大打折扣。

（二）缺乏文旅标识意识，制约标志性文旅产品形成

文旅标识意识是建立区域内标志性文旅产品的关键。一个鲜明的文化旅游标识对于建立独特的品牌形象至关重要，它不仅能够增强游客的记忆点，还能帮助目的地或产品在市场上找到准确的位置，从而吸引目标客户群体。此外，通过有效的标识设计，可以更好地传达地方文化的精髓，促进文化的传承与发展。换言之，文旅标识需要做到的是抓得住眼球、留得住记忆。例如，浙江文化基因解码工程第二阶段就是要培育文化标识，让千年宋韵成为浙江最具标志性的文化名片。

但是，齐鲁文化基因解码利用工程中的文旅融合实践，在标识建设方面略显不足，主要体现在多个层面。

首先，虽然齐鲁地区拥有深厚的历史文化底蕴和丰富的自然景观资源，但这些宝贵的文化遗产并没有形成统一而鲜明的品牌形象。现有的"好客山东""沿着黄河遇见海"等统称性标语在一般性的宣传层面，缺乏标志性文化来展现品牌形象。其次，儒家文化和海岱文化是山东最为突出的文化标识，但是对青年人的吸引力有限，而且文旅宣传和文旅产品研发较为传统，缺乏创新，无法有效地与现代消费者的需求相契合，特别是在年青一代中缺乏吸引力。即便有一些具有创意的设计方案，但在实际执行过程中往往因为推广力度不够或者维护工作不到位而未能发挥其应有的作用。同时，当地居民及潜在游客对于文旅标识的认知和支持度较低，这也限制了标识在文化传播方面的效能。综合来看，这种缺乏文旅标识意识的现象直接制约了标志性文旅产品的形成，进而影响了齐鲁文化的传承与发展以及相关产业的经济效益。

（三）挖掘山东人民的当代生活故事较少，难以展现文化旅游的核心魅力

文化的核心在于人，文化基因的载体是人，文化旅游的核心也是对当地人居住风貌生活文化的感受。但是，当前齐鲁文化基因解码、转化利用工作，对于普通山东人的故事关注较少。目前，文旅数据库的图片、视频是以美景为主，即使涉及"民俗"与普通山东人生活相关的专栏，也是展现了文娱、节庆的精美活动图片和视频，鲜有讲述山东人的生活故事。这也导致文旅品牌的宣传产品多集中在表面化的展示，如美景图片、宣传片等，缺乏深层次的文化解读和故事讲述。这种流于表面的宣传方式难以打动人心，无法真正传递出品牌的独特魅力。文化基因赋能不仅仅是将文化资源数字化，更重要的是通过深度挖掘和创意呈现，将文化内涵融入宣传产品中，提升品牌的文化厚度和情感共鸣。例如，微信公众平台 @文旅山东、@好客山东之声、@文旅威海等账号发布的"沿着黄河遇见海"推广图文均是对于美景的宣传，缺乏深度文化挖掘。

事实上，山东人的生活文化、山东人的性格、山东人的精神风貌，都应该是文化基因解码的一部分。例如，鲁西北地区的鲁义姑传说，就是一个很好的例子。据《列女传》记载，鲁义姑的故事发生在齐国与晋国交战之时。一次战斗后，齐军在撤退过程中遇到了一位女子带着两个小孩逃跑。由于形势紧迫，她只能带走一个孩子。这时，她作出了一个令人敬佩的选择：她放弃了自己的亲生儿子，而是抱走了哥哥的孩子。当被问及原因时，她解释说："我自己的儿子死了，我可以再生；但如果哥哥的孩子死了，他的血脉就断了。"这种蕴含"义""孝""舍己为人"的精神深深打动了齐国将领。鲁西北茌平地区的民众称其为"鲁姑奶奶"，当前仍有许多民众认鲁义姑为干娘，赶集称为"看干娘"。鲁义姑也成为鲁西地区重要的标志性文化。但是，文化基因的解码和转化利用都没有深度挖掘到这些民间故事。这种精神传承与日常生活交融的故事，恰好是文化旅游的魅力所在。

二、解决的策略

（一）提升文化基因数据库的使用力度，增强民众参与度

为了提升文化基因数据库的使用力度并增强民众参与度，建议采取一系列综合措施。

首先，应优化用户体验。目前的数据库标签类目较多，虽然可以分门别类地快捷选择需要的图片、视频，但是无法选择"全部"这一标签，导致如果选择了某一项标签，就退回到查看全部图片，且数据库界面以中文为主，难以找到英文端口。通过改进数据库的用户界面使其更加直观易用，并提供多语言支持以方便国际游客访问；同时加强搜索功能，提高数据检索效率，确保用户能够快速准确地找到所需信息。其次，定期为相关从业人员（如导

游、旅行社工作人员、文化工作者等）提供培训，提高他们对于数据库的认知，使他们掌握如何有效利用数据库资源来提升服务质量。此外，推动政府部门、学术机构和企业之间的跨部门合作，共享数据库中的信息资源，共同开发新的文旅项目，形成合力。在政策层面，争取更多的政府支持，包括资金投入和税收优惠等激励措施，鼓励企业和个人积极参与到文化基因数据库研发和文旅融合发展中来。

与此同时，提高公众参与度也是关键。首先，可以发动群众参与到文化基因挖掘与文旅宣传中来，定期举办线上互动活动，如"好客山东文化知识竞赛""最美家乡风景摄影大赛"等，鼓励用户参与并分享自己的作品和体验，通过设置奖励机制，如旅游券、纪念品等，激发用户的参与热情。这些内容应注重故事性和情感共鸣，通过讲述山东的历史文化、民俗风情和现代发展，吸引用户的关注和分享。邀请山东本地的名人、网络红人和意见领袖，通过直播、短视频等形式，讲述山东的故事，分享旅游体验，这些KOL的粉丝群体庞大，能够迅速提升品牌的曝光率和话题性。建立有效的反馈机制，收集游客和当地居民的意见和建议，不断改进和完善文旅标识及相关服务。最后，加强与主流媒体和网络平台的合作，通过专题报道、系列节目等方式，提高公众对齐鲁文化基因解码项目的认识和支持度，从而形成良好的社会氛围，促进文化的传承与发展。这些措施将有助于全面提升文化基因数据库的使用效率，进一步激发社会各界对齐鲁文化的关注和参与。

（二）加强文旅标识意识，统筹规划全省文化标识建设任务

文化基因系统解码之后，绝不能仅仅满足于整理并存入数据库后便将其束之高阁。齐鲁文化基因，决定了"何为山东"。鲜明的文化标识，不仅是山东人的自我认同，还应成为全世界来鲁游客对山东的深刻认知。如果要做到这一点，就不得不加强文旅标识意识，统筹规划全省文化标识建设任务。

浙江文化基因解码工程第二阶段的关键任务是浙江省文化标识建设，浙江的成功经验可以为齐鲁文化基因解码利用工程的文旅融合实践提供参考。在文化基因系统解码之后，浙江确定了"现象级省域文化标识建设任务表"，分别是良渚文化、宋韵文化、上山文化、黄帝文化、南孔文化、和合文化、阳明文化、丝瓷茶文化、古越文化、吴越文化。以这些文化标识为基础，浙江将文化标识建设任务聚焦于浙籍名人、浙学书院、浙风古韵、浙传典籍、浙出好戏、浙地臻品、浙派好礼、浙里畅游八大领域，部署了名人故里深度开发、传统书院复兴活化、戏曲词牌整理活化、古籍古画转化利用、古装演艺精品打造、历史经典产业振兴、遗产文创联动开发、文化景区转型提质八大行动，有指标、有举措、有时间表。① 这些任务，每一项都有具体的考核目标，到 2026 年，浙江目标是培育 10 个以上现象级文化标识项目、100 个文化基因激活标志性项目。建成之后，这些标识将成为浙江最具价值的文旅标签和核心竞争力。

首先，顶层设计，系统规划。联合相关部门成立专门的文化标识建设工作组，负责统筹规划全省的文化标识建设任务，并制订详细的行动计划，明确文化标识建设的时间表、路线图和具体目标，设定短期（1~2 年）、中期（3~5 年）和长期（5 年以上）的发展目标，确保项目稳步推进。其次，根据齐鲁文化的独特性和历史价值，筛选出一批具有代表性的文化标识，如儒家文化、齐国文化、泰山文化、孔孟故里、鲁菜文化等，并将这些文化标识进一步细分为不同的领域，例如名人故居、儒家文化、沂蒙红色文化、非物质文化遗产、特色工艺品等，以便于有针对性地开展工作。最后，在政策支持与激励机制方面，争取政府财政支持，设立专项资金用于文化标识项目的建设和推广；为参与文化标识建设的企业和个人提供税收减免等优惠政策，激发市场活力；建立科学合理的考核评价体系，对各个项目进展情况进行定期评估，确保各项任务按时按质完成。

（三）深度挖掘当代生活故事，丰富文化旅游内涵

首先是系统性搜集和整理当代生活故事，发掘山东日常生活中的文化基因和文明根基。可以与高等院校、科研院所的社会学、人类学、民俗学等专业团队合作，组织调查小组深入社区和乡村，通过访谈、参与、观察等方式，搜集普通山东人的日常生活故事。这些故事可以包括他们的工作、家庭、传统习俗等方面的内容。同样要多渠道地搜集资料，除了传统的文字记录和拍照，还可以采用视频、音频等多种形式，捕捉真实的生活场景，使故事更加

---

① 金春华，陈黎明，陶韬，等.浙江探索传统文化活化利用新路径：中华文明的浙江基因，怎样更鲜明［N］.浙江日报，2024-07-15（5）.

生动具体。

其次是创意呈现与文化内涵深度挖掘。基于收集到的故事素材,制作一系列具有深度的文化专题纪录片,展现山东人民的真实生活和精神风貌。例如,可以通过纪录片的形式讲述鲁义姑的故事,展示其"义""孝""舍己为人"的精神如何影响当地民众的生活方式。同时也可以结合收集到的生活故事,设计一系列以山东人民日常生活为主题的旅游线路。例如,可以推出"走进鲁西北,探寻鲁义姑故事"主题游,让游客亲身体验当地的文化氛围。通过这种方式,将文化内涵与旅游体验紧密结合,让游客在享受视觉盛宴的同时,深刻感受齐鲁文化的独特魅力。同样是孝妇故事,淄博颜文姜传说与旅游开发的融合模式则是比较典型的案例。

颜文姜传说是山东淄博市的民间传说,起源于晋代以前。颜文姜,原是颜家庄(今博山区八陡镇)人,被娶进郭家门(今博山神头)后不久丈夫去世。她的婆婆视她为"丧门星",百般折磨刁难。尽管如此,颜文姜心地善良,忍辱负重,孝敬公婆,照料小姑。最终,为了救公婆、小姑和一方百姓,颜文姜舍身堵泉眼,坐化为神。在大旱之年,颜文姜为征东的唐王送水,解了三军的燃眉之急。她的孝诚感天动地,被民间修建颜奶奶庙以昭示后人;唐王为其重修庙宇,再塑金身。后人把颜文姜堵的泉眼称为"灵泉",把流淌的泉水命名为"孝妇河",把在泉河附近兴起的村落称为"颜神"。

颜文姜传说作为淄博市博山区的重要民间传说,其文化价值和旅游吸引力被深度挖掘。淄博根据这则当地家喻户晓的孝妇故事,深度挖掘颜文姜故事中的孝文化基因,将孝与旅游相结合,形成了研学、餐饮、文化体验等多元一体的文旅结合模式。博山区被誉为"华夏孝乡",颜文姜的故事在当地家喻户晓、妇孺皆知。通过颜文姜祠的保护和修复,以及颜文姜广场的建设,游客可以在参观中了解颜文姜的传说,体验当地的孝文化。同时借助颜文姜传说,博山区开发了博山古镇等沉浸式体验景区。

博山区每年农历五月最后一天傍晚,都会自发组织民间队伍,前往颜文姜祠接"颜奶奶"回村,这是一项具有地方特色的民俗活动。博山几乎每个村子都有专门为颜文姜建造的小庙,人们用辇迎接文姜,迎接队伍一般由彩旗队、锣鼓队、护送轿子队、腰鼓队、秧歌队、军鼓队等几百人组成。这样的节庆活动不仅传承了颜文姜的孝文化，还吸引了大量游客参与，增强了旅游体验。

淄博的颜文姜系列旅游产品，是将民间传说与旅游相融合的成功案例。成功的秘诀不仅仅在于开发模式，更在于文旅主管部门对当地民众生活中文化基因的关注。淄博人通过讲述颜文姜传说，向世人阐释自我生活的意义，维护地方身份认同，这便是根植于民众生活中的文化基因。齐鲁文化基因解码和文旅融合利用时，更应该深入民众日常生活中，了解民众喜闻乐见的生活故事，理解他们生活的意义，提取深植于生活中的文化基因，从而更好地挖掘文化内涵。

综上所述，齐鲁文化基因解码利用工程在文旅融合实践中虽然取得了初步成效，但仍面临诸多挑战。为了克服这些障碍，我们需要从提升文化基因数据库的实际应用、强化文旅标识意识以及深入挖掘当代生活故事等多个维度出发，采取切实有效的措施。通过优化用户体验、加强专业培训、促进跨部门合作及激发公众参与度，可以提高数据库的使用效率和影响力；同时，借鉴其他地区的成功经验，系统规划全省的文化标识建设，有助于打造具有鲜明特色和吸引力的文旅品牌；最后，通过深度挖掘普通山东人的生活故事，不仅能够丰富文化旅游产品的内涵，还能让游客更真切地感受到齐鲁文化的深厚底蕴。

第八章 研究结论

齐鲁文化基因解码利用工程是一个系统性的重大工程。文化基因的识别、解码、标注、数字化、平台化、市场化需要多个部门联合行动、协力合作。本项目是齐鲁文化基因解码利用工程中的一个部分,项目承担方为山东省旅游推广中心,研究聚焦于齐鲁文化基因解码利用工程中文旅融合的探索和实践。因此,本项目的探索与实践主要分为两个部分:一是解码部分,文旅数据库建设的前期首先进行了基因解码,解析齐鲁文化基因的核心元素,以图片、视频等形式呈现出来,并全部标准化标注信息;二是利用部分,文旅数据库建成后,数据库中的高质量内容和高效运作机制助力文旅新媒体矩阵的优化与升级,维护"好客山东"品牌形象,研发定制化、高端化的文旅产品,瞄准重点客群做定向市场推广和营销,打造"好客山东"文旅IP。经过这些探索与实践,本项目还总结出基于齐鲁文化基因解码利用的文旅深度融合模式。

一、齐鲁文化基因解码利用的文旅融合模式

(一)数字技术赋能模式

数字技术赋能文旅深度融合是当前文旅融合研究的重要课题。学术界已经探索出多种赋能模式与融合路径,这些研究成果为实践提供了宝贵的理论基础和实践经验。本项目在此基础上,进一步探索数字技术赋能文旅融合的具体路径,旨在通过技术创新提升文化旅游的体验质量和综合效益。

一是技术基础设施的建设。除了更新5G通信设施、计算机设备等硬件设

备之外，项目组还购买了 ElasticSearch 全文检索技术、阿里云 CDN 技术、内存缓存 Redis 等关键组件技术，保障数据库的顺利运行。二是文化基因的数字化归档，准确地把握数字内容的创建与管理。不仅让自然风景、历史建筑、非物质文化遗产等文化资源借助摄影技术、三维扫描及其他高新技术，实现文化资源到数字资源的转化，而且克服以往数据库建成后使用率低的情况，建立了素材入库、素材管理、素材分发和推广、素材使用、使用反馈、反馈改进和循环优化的工作闭环机制。文化基因的数字化归档不仅在保存文化资源、保护文化遗产方面发挥重要作用，而且为文旅推广、文旅产品开发提供了基础。本项目实践证明，在技术赋能模式下，文旅融合能取得显著成效，这为齐鲁文化基因解码利用工程提供了有力支撑。

（二）文旅新媒体联盟模式

网络时代，新媒体社交平台的蓬勃发展为文旅行业的宣传发展带来了良好的契机。国内多个省的文旅新媒体都是采取矩阵形式联合发展，带来引流、塑性、变现等多重效应。新媒体矩阵是随着信息技术和互联网的快速发展而崭露头角的传播模式。它不再局限于传统的单一媒体形式，而是通过整合多种媒体渠道，形成网络化的传播结构。[①] 山东省的文旅新媒体联盟模式具备起步早、覆盖面广的特点，在众多省市的新媒体营销中实现快速"出圈"，形成了口碑效应。

一是在文旅数据库的助力下，优化新媒体内容质量。新媒体时代，用户对于信息的接受更加倾向于"短、平、快"，具备话题性和视觉冲击力。文旅数据库提供了制作内容所需要的高清图片、视频和吸引用户的故事，在此基础上，新媒体团队制作出生动有趣的短视频、图文，向用户展示出山东各地的风景、人文和历史，这一举措也增强了新媒体内容的立体性，促进广大游客通过新媒体平台就能够想游山东、会游山东。二是创新合作模式，与地方文旅、相关企业和网络名人开展不同形式的合作。例如"好客山东大咖说"文化探索主题游直播活动，邀请@厦门小威、@西安肖静、@大咖说大春哥、@大咖说阿贵及省内文博大咖、知名导游、优秀讲解员共同组建"好客山东

---

① 黎贞如.新媒体矩阵助力地方文旅宣传的实践策略[J].新闻潮，2024（3）.

大咖团",联动20家媒体同步直播,5天5城累计直播10场,总观看量达1.5亿,集中呈现山东省坚持文化"两创"优秀成果,引起极大反响。三是运用大数据技术和AI技术,追踪网络热点,精准捕捉用户画像,分析用户的行为模式和感兴趣的热点话题,面向不同客群和不同网络热点,差异化地策划新媒体推广活动,保证最大化实现文旅推广效果。

这一模式是在深挖文化内涵的基础上,深耕内容创新,拓宽合作渠道,以科技力量助推文旅产业高质量发展,在提升山东文旅的知名度、推动山东文化"走出去"方面起到了至关重要的作用。

(三)文旅IP塑造模式

"IP(Intellectual Property)",即知识产权的英文首字母缩写,原本是一个法律术语,特指"权利人对其所创作的智力劳动成果所享有的财产权利"。[①]"文旅IP",是指在文化与旅游要素融合的时代背景下,具有文化特质、品牌内核、独特价值体现的知识产权体系。文旅IP往往具有精神性、独特性、传播性、商业性等特征。[②]"好客山东"文旅IP塑造模式是中国山东省在文旅融合发展中的一个成功案例,通过系统化的品牌建设、文化挖掘、产品创新和市场推广,成功打造了一个具有鲜明地域特色和广泛影响力的文旅品牌。齐鲁文化基因解码利用工程为"好客山东"文旅IP的塑造持续赋能,在擦亮IP、强化IP影响力方面发挥了巨大作用。

一是通过"齐鲁文化基因解码利用工程",深入挖掘山东丰富的历史文化资源,如儒家文化、齐文化、鲁文化等,通过多种形式的展示和传播,增强游客的文化认同感。二是在保护、传承、展示齐鲁文化的过程中,增强了游客的体验感。保护和传承山东的非物质文化遗产,如鲁菜、剪纸、泥塑等,通过活态展示和体验活动,让游客近距离感受传统文化的魅力。此外,展示山东各地的民俗风情,如胶东渔家乐、沂蒙山歌、泰山庙会等,增强游客的参与感和体验感。三是开发出面向不同客群的、多样化的文化旅游产品,如

---

① 樊丽,赵一梅.基于融合文化的地方文旅IP生产模式与传播策略[J].西华大学学报(哲学社会科学版),2021(5).
② 吴振一,李倩,黄诚淏,等.特色打造与可持续发展:南京乡村文旅IP塑造策略研究[J].文化创新比较研究,2022(6).

文化主题游、亲子游、研学游等,满足不同游客的需求,并利用现代科技手段,如 VR、AR 等,打造沉浸式体验项目,提升游客的参与度和满意度。通过举办各类特色节庆活动,如孔子文化节、泰山国际登山节、青岛啤酒节等,吸引游客,增强品牌的知名度和影响力。

总体来讲,齐鲁文化基因解码利用工程在文旅融合方面,真正做到了深入挖掘齐鲁文化内涵,结合现代科技手段,创新性地将文化资源转化为旅游产品,实现文化与旅游的完美融合,探索出一条能够实现文旅产业高质量发展的文旅融合模式。

二、齐鲁文化基因与旅游业深度融合的未来展望

随着全球化进程的加速和信息技术的迅猛发展,文化和旅游产业正迎来前所未有的发展机遇。齐鲁文化基因解码利用工程作为山东省文旅融合的重要尝试,不仅仅标志着齐鲁文化在新时代背景下的传承与创新,更为全国乃至全球范围内的文旅融合发展提供了宝贵的实践经验。基于本研究的分析,我们可以预见齐鲁文化基因与旅游业的深度融合将朝着以下几个方向发展。

首先,齐鲁文化基因的数字化和资产化将是未来文旅融合的一大趋势。齐鲁文化基因解码利用工程通过数字化技术实现了文化资源的系统化存储与版权化管理,这不仅有利于保护和传承文化遗产,同时也为文化资源的商业化利用创造了条件。在未来,随着区块链、人工智能等前沿技术的不断成熟,齐鲁文化基因的数字化程度将进一步加深,这将极大地促进文化资源的流动性和可交易性,从而为文旅产业注入新的活力。例如,通过区块链技术,可以确保文化数据的真实性和完整性,避免版权纠纷,同时还可以为艺术家和文化创作者提供一个公平透明的交易平台,激发他们的创作热情。此外,借助人工智能算法,可以实现对文化数据的智能分析,挖掘潜在的价值点,为文旅产品的设计和营销提供数据支持,使文化资源能够更好地服务于旅游业的发展。

在数字化和资产化方面,国内许多省市都有成功的案例。例如,故宫博物院的数字化转型就是一个典型的例子。故宫建立了数字博物馆,将丰富的文物资源数字化。全球游客都可以通过微信小程序"故宫博物馆"进行云上

游览，小程序中包含每日故宫、紫禁城365、数字文物库、全景故宫、故宫名画记、数字多宝阁、陶瓷馆、V故宫、传心拓意、口袋工匠等内容，游客只需要动动手指，就可以饱览故宫的文物，学习故宫文物知识。这一程序堪称故宫博物院的文化基因库。这种数字化转型不仅扩大了故宫的影响力，而且为传统文化的传承和保护提供了新的思路。

其次，齐鲁文化基因的深度挖掘与活化利用将成为文旅融合的核心竞争力之一。通过对齐鲁文化的深入研究，我们发现其中蕴含着丰富的历史故事、哲学思想以及艺术表现形式，这些都是构建独特旅游体验不可或缺的元素。未来，应当继续加大对齐鲁文化基因的研究力度，不仅仅要关注那些已经被广泛认知的文化符号，更要深入挖掘那些隐藏于民间的、鲜为人知的文化瑰宝。通过将这些文化元素融入旅游线路规划、景区建设以及旅游商品设计中，可以打造出一系列独具特色、充满魅力的文化旅游产品，吸引更多国内外游客前来探寻齐鲁大地的历史底蕴与文化魅力。同时，还应注重培养一批具有专业素养的文化导游和讲解员，他们不仅仅能够向游客传递知识，更能以生动有趣的方式讲述齐鲁故事，让每一位来到这里的人都能够感受到那份属于这片土地的独特魅力。

在深度挖掘与活化利用方面，江苏省的苏州园林是一个成功的案例。苏州园林多年来以其独特的园林艺术和深厚的文化底蕴，吸引了无数国内外游客。如今，苏州市更是改革创新，在保护和修复古园林的同时，开发出以园林文化为主题的旅游产品，使得苏州园林的文化内涵得到了有效的传承和活化。例如苏州创新打造大型实景园林文化艺术光影夜游作品——"拙政问雅"。该项目成为城市新的"流量密码"，截至2024年9月，该项目接待国内外游客超10万人次，取得了良好的经济效益和社会效益。

再次，新媒体技术的应用将继续推动齐鲁文旅品牌影响力的扩大。随着社交媒体、短视频平台等新兴媒介形式的兴起，信息传播的速度和范围得到了极大的扩展。齐鲁文化基因解码利用工程充分利用了新媒体的优势，在"好客山东"品牌塑造上取得了显著成效。展望未来，应进一步加强与各类新媒体平台的合作，采用更加多元化的传播手段，如直播带货、虚拟现实体验等，让更多的年轻人参与到齐鲁文化的传播当中来。同时，还需注重内容创新，结合当下流行文化趋势，开发出更多贴近大众口味、富有创意性的文旅内容，以此来增强齐鲁文旅品牌的吸引力和亲和力。

陕西西安借助新媒体营销"短、平、快"的特点，在抖音平台上将颇吸引眼球的永兴坊的"摔碗酒"营销成网络爆款。这种"摔碗酒"具有武侠片中的豪迈气派，深受年轻人的青睐。陕西西安与抖音短视频平台携手合作，顺利推出了多个网络热门话题，促使西安成为没有淡季的旅游城市。其中值得一提的是大唐不夜城的网络营销，将穿着唐风古装的"不倒翁小姐姐"作为出圈符号，再结合古风氛围鲜明的景区灯光设计，李白、杨贵妃等真人扮演NPC与游客互动，构建出一个盛唐夜景，带动无数游客前来大唐不夜城打卡。新媒体技术的应用对地方文旅品牌的推广意义重大，通过短视频平台上一个个碎片化的视频，拼凑成一个既历史文化底蕴深厚又年轻蓬勃的西安，带动传统旅游城市转化为网络旅游城市。

最后，文旅融合的发展离不开跨学科人才的培养和引进。随着文旅产业逐渐走向高质量发展阶段，其对于人才的需求也在发生着变化。一方面，需要拥有深厚文化底蕴的专业人士参与到文化基因解码工作中来；另一方面，则需引入更多掌握现代信息技术、市场营销等方面技能的人才，共同推动文旅产业向着更加专业化、精细化的方向迈进。为此，建议政府部门、高校以及相关企业加强合作，建立一套完善的跨学科人才培养机制，为齐鲁文旅事业输送源源不断的新生力量。同时，还应该鼓励和支持现有从业人员参加各种形式的学习培训，不断提升自身的综合素质，以适应快速变化的行业需求。

在人才培养方面，浙江省的杭州通过与高校合作，培养了一批文旅融合的专业人才。杭州市通过建立文旅产业研究院，与浙江大学等高校合作，共同培养文旅融合领域的专业人才。研究院依托浙江大学雄厚的师资力量和科研资源，围绕文旅融合、数字文旅、文化遗产保护等重点领域开展研究，并将研究成果转化为实际应用，为杭州文旅产业的发展提供了智力支持和技术支撑。

总之，齐鲁文化基因与旅游业的深度融合是一项长期而艰巨的任务，需要政府、企业和社会各界共同努力才能实现。我们要始终坚持创新发展理念，充分发挥齐鲁文化的独特优势，一定能够在新时代背景下开创出一片文旅融合的新天地，为中华民族伟大复兴贡献出自己的一份力量。

参考文献

1. (汉)司马迁.史记[M].北京：中华书局，1963.
2. "小云南"蠡测[J].中国明史学会、蓬莱市人民政府.第十五届明史国际学术研讨会暨第五届戚继光国际学术研讨会论文集[C].烟台：黄海数字出版社，2013.
3. 刘德龙等.人文山东[M].济南：山东人民出版社，2008.
4. 刘德龙等.风情山东[M].济南：山东人民出版社，2008.
5. 刘长林.中国系统思维：文化基因透视[M].北京：中国社会科学出版社，1990.
6. 吕伟达.福山移民史略[M].北京：中国文史出版社，2007.
7. 孟祥才，胡新生.齐鲁思想文化史：从地域文化到主流文化[M]济南：山东大学出版社，2005.
8. 山东省地方史志编纂委员会.山东省志·民俗志：1840—2005[M].济南：山东人民出版社，2016.
9. [英]苏珊·布莱克摩尔.谜米机器：文化之社会传递过程的基因学[M].高申春，等，译.长春：吉林人民出版社，2001.
10. 王华，邹统钎.文化与旅游融合的理论与实践[M].天津：南开大学出版社，2021.
11. 王修智.齐鲁文化与山东人[M].济南：山东人民出版社，2008.
12. 程鹏.旅游民俗学视野下遗产旅游民俗叙事研究[J].云南师范大学学报（哲学社会科学版），2020（4）.

13. 殷昊然.山东省百条红色旅游线路的文化基因谱系构建与活化路径研究［D］.山东：鲁东大学，2023.

14. 张志勇."好客山东"旅游者满意度存在的问题及对策［J］.商业经济研究，2015（29）.

15. 陈颂.基于文化基因视角的温州瑶溪风景区文化旅游开发研究［D］.广西：桂林理工大学，2023.

16. 崔新建.文化认同及其根源［J］.北京师范大学学报（社会科学版），2004（4）.

17. 翟燕霞，石培华.文旅融合政策结构体系、演进规律及话语生成机制：基于1993—2024年政策文本的扎根分析［J］.云南民族大学学报（哲学社会科学版），2024（5）.

18. 樊丽，赵一梅.基于融合文化的地方文旅IP生产模式与传播策略［J］.西华大学学报（哲学社会科学版），2021（5）.

19. 高萍美，祁昕飞.文化基因视角下高校教师弘扬教育家精神的着力点探析.宁波大学学报（教育科学版），2024（2）.

20. 顾向明.儒家义文化与沂蒙精神文化基因［J］.临沂大学学报，2023（6）.

21. 洪学婷，黄震方，于逢荷，等.长三角城市文化资源与旅游产业耦合协调及补偿机制［J］.经济地理，2020（9）.

22. 李国新，李阳.文化和旅游公共服务融合发展的思考［J］.图书馆杂志，2019（10）.

23. 李新宽.西方文明的文化起源：从文化借用到文化基因的形成［J］.探索与争鸣，2024（5）.

24. 李星明，李笑玲，时朋飞，等.基于乡愁文化基因解码的乡村文旅融合路径研究［J］.西南大学学报（社会科学版），2024（1）.

25. 李英.乡村旅游品牌的强符号建构路径探析：以"好客山东"为例［J］.新闻研究导刊，2019（10）.

26. 刘涛，叶光林.文化基因解码与地域文化的传承弘扬策略：基于地域文化基因的探讨［J］.黄河科技学院学报，2024（7）.

27. 刘源，毛润泽.未来5年旅游人才的需求方向［J］.成才与就业，

2024（4）.

28. 鲁洋静. 基于文化基因解码的文旅深度融合机理与模式：以海南、云南为例［J］. 社会科学家，2023（8）.

29. 吕杨."小云南"探源［J］. 中国地方志，2006（7）.

30. 马晓芬，戴斌. 旅游人才高质量培养的新时代课题［J］. 旅游学刊，2022（8）.

31. 么新鹤. 齐鲁文化的形成、地位与精神综述［J］. 山东省社会主义学院学报，2018（3）.

32. 孟祥才，胡新生. 齐鲁思想文化史：从地域文化到主流文化［M］. 济南：山东大学出版社，2005.

33. 欧阳文昱，王小玉. 基于文化基因的南粤古驿道文创产品设计研究［J］. 美术教育研究，2024（2）.

34. 王丹. 文化生命体的生活实践：非物质文化遗产赓续中华文化基因的逻辑进路［J］. 中央民族大学学报（哲学社会科学版），2024（2）.

35. 王德刚. 好客精神培育与"好客山东"品牌打造：评《旅游目的地好客精神培育研究——以"好客山东"为例》［J］. 山东社会科学，2023（7）.

36. 王秀伟，朱敏敏. 文化和旅游融合：多层次关系内涵、挑战与践行路径［J］. 旅游学刊，2020（3）.

37. 王学斌. 中华文明源远流长的连续性［N］. 学习时报，2023-06-16（01），第1版。

38. 王亚雨. 基于AHP-熵权法的广西金秀瑶族刺绣文化基因提取与设计策略研究［J］. 广西师范大学学报，2023（7）.

39. 魏鹏举. 数字时代旅游产业高质量发展的文旅融合路径：以文博文创数字化发展作典范［J］. 广西社会科学，2022（8）.

40. 吴振一，李倩，黄诚淏，等. 特色打造与可持续发展：南京乡村文旅IP塑造策略研究［J］. 文化创新比较研究，2022（6）.

41. 杨剑飞，王文睿. 中国文化基因数据库构建：历史维度、实践逻辑与路径探析［J］. 贵州民族研究，2023（4）.

42. 杨耀源. 文旅融合背景下少数民族非物质文化遗产保护性旅游开

发［J］.社会科学家，2021（4）.

43. 于志平，陈立明.齐鲁文化及其现代价值［J］.中央社会主义学院学报，2007（1）.

44. 俞凯.地域文化基因视角下的新明式家具设计研究［J］.包装工程，2023（6）.

45. 苑利，顾军.非遗：一笔亟须保护的中华民族文化基因［J］.中央民族大学学报（哲学社会科学版），2024（2）.

46. 战庆辉.山东人与小云南［J］.山东文献，1986（3）.

47. 张安华，张迪雅，万璐.江南古典园林文化基因在家具设计中的创新应用研究［J］.家具与室内装饰，2023（9）.

48. 张涵，刘文佳，裴赜.非遗保护视角下传统陶瓷工坊文化基因图谱构建：以罗山土陶基地为例［J］.河南科学，2024（7）.

49. 张磊玲，许正宇.文化基因视角下传统村落文旅融合发展路径研究：以苏州陆巷古村为例［J］.无锡商业职业技术学院学报，2023（6）.

50. 张群鹤.北京市房山区乡村数字化发展研究：以房山区智慧采摘园为例［D］.呼和浩特：内蒙古财经大学，2024.

51. 张胜冰.文旅深度融合的内在机理、基本模式与产业开发逻辑［J］.中国石油大学学报（社会科学版），2019（5）.

52. 张野，王伟，程遂营.文化基因、文化要素和文化场景：国家文化公园建构的文化逻辑［J］.旅游学刊，2024（8）.

53. 张懿，林讯，王佳璐，等.文化基因理论在城乡规划研究领域中的应用综述与展望［J］.建筑与文化，2024（4）.

54. 赵传海.论文化基因及其社会功能［J］.河南社会科学，2008.

55. 赵美云，吕绍棠，刘媛.秦巴山区刺绣文化基因研究：以秦蜀文化区为例［J］.今古文创，2024（31）.

56. 周树斌，高劲松，张强，等.文化基因视域下诗词资源多维知识重组与可视化研究：以茶文化为例［J］.图书情报工作，2023（16）.

57. 周芸熠，张磊，董群，等.文旅融合时代下的公共图书馆发展研究与思考［J］.图书馆学研究，2020（2）.

58. "好客山东"走进"大美青海","沿着黄河遇见海"山东夏季文旅产品推介活动正式启动［EB/OL］.（2024-05-26）.澎湃新闻.https：//www.thepaper.cn/newsDetail_forward_27515176.

59. 2024"沿着黄河遇见海"文旅新媒体推广大会在聊城举办.聊城市文化和旅游局［EB/OL］.（2024-04-12）.http：//wlj.liaocheng.gov.cn/channel_t_296_26899/doc_6618922b770f372c048165d6.html.

60. 2024"中国之路"十大自驾游精品线路,山东这条路入选［EB/OL］.（2024-10-27）.微信公众号"好客山东之声"https：//mp.weixin.qq.com/s/vP2MQZ5Fs3UqD1Z1ZYgKGg.

61. 2024年3月山东省新媒体影响力排行榜单及解读［EB/OL］.（2024-04-25）.腾讯网.https：//news.qq.com/rain/a/20240425A06NS300.

62. DAU再度突破1亿,《王者荣耀》如何成为长青游戏？［EB/OL］.（2024-10-28）.财经网.http：//tech.caijing.com.cn/20241028/5046737.shtml.

63. 跟着孔子游山东！2024山东文旅主题推介活动走进清华大学［EB/OL］.（2024-09-22）.澎湃新闻.https：//www.thepaper.cn/newsDetail_forward_28819777.

64. 什么是阿里云CDN［EB/OL］.（2024-10-03）.阿里巴巴.https：//www.alibabacloud.com/help/zh/cdn/product-overview/what-is-alibaba-cloud-cdn.

65. 携山东好品 享好客山东："好客山东·好品山东"旅游购物大礼包亮相旅发大会［EB/OL］.（2023-03-26）.鲁网.https：//sd.sdnews.com.cn/yw/202303/t20230326_4204838.htm.

66. 浙报观察｜"浙江文化基因库"藏着什么密码？1800个文化元素带你读懂浙江［EB/OL］.（2024-07-20）.浙江新闻.https：zj.zjol.com.cn/news.html?id=1895558&from_channel=52e5f902cf81d754a434fb50&from_id=1895567.

67. 中国国家版本馆,为什么被称为"中华文化种子基因库"［EB/OL］.（2024-11-01）.腾讯网.https：//news.qq.com/rain/a/20241101A011U000.

68. 走进中国国家版本馆 看中华文化种子基因库［EB/OL］.（2023-06-03）.学习强国.https：//www.xuexi.cn/lgpage/detail/index.html?id=16353094317

992793295&amp；item_id=16353094317992793295.

69. 国家统计局年度数据报表［EB/OL］.（2024—11—20）.国家统计局网站. https：//data.stats.gov.cn/easyquery.htm?cn=C01.

70. 金春华，陈黎明，陶韬，等.浙江探索传统文化活化利用新路径：中华文明的浙江基因，怎样更鲜明［N］.浙江日报，2024—07—15（65）.

71. 黎贞如.新媒体矩阵助力地方文旅宣传的实践策略［J］.新闻潮，2024（3）.

72. 四川日报.共谋把旅游业打造成区域支柱产业［EB/OL］.人民网. http：//sc.people.com.cn/n2/2024/0510/c345167—40838377.html.

73. 文创金融研究团队.2023年文化和旅游产业投融资报告［EB/OL］.（2024—05—15）.https：//www.pbcsf.tsinghua.edu.cn/info/1510/8707.htm.

74. 吴涛.擦亮文化旅游"国"字招牌［N］.扬州日报.2009—12—15（B01）

75. 央广网.文化和旅游部印发关于推动非物质文化遗产与旅游深度融合发展的通知［EB/OL］.（2023—02—22）.http：//news.cnr.cn/native/gd/20230222/t20230222_526161203.shtml.

76. 赵琳，于新悦.文化"两创"海岱新：山东全面深化改革系列观察之文化"两创"篇［N］.大众日报，2024—07—14（01）.

77. 中华人民共和国文化和旅游部.中华人民共和国文化和旅游部2023年文化和旅游发展统计公报［EB/OL］.（2024—08—30）.https：//zwgk.mct.gov.cn/zfxxgkml/tjxx/202408/t20240830_954981.html.

78. 中华人民共和国中央人民政府网.文化部国家旅游局关于促进文化与旅游结合发展的指导意见［EB/OL］.（2009—09—15）.https：//www.gov.cn/zwgk/2009—09/15/content_1418269.htm.

79. 周伟民.文旅融合构成苏州绝妙风景［N］.中国旅游报，2009—11—30（013）.

附件一　文化和旅游图片视频库使用制度

一、目的

建立和实施文化和旅游图片视频库使用制度，旨在规范图片视频资源的管理和使用，提高资源的利用率，推动文化和旅游宣传工作的高效开展。

二、总则

（一）本制度适用于所有涉及文化和旅游宣传、推广和教育的相关部门、单位及个人。

（二）媒体素材包括图片、视频形式的媒体内容。

（三）图片视频库使用制度由山东省旅游推广中心（以下简称推广中心）负责制定和实施，并定期进行评估和更新。

（四）媒体素材的使用应遵守国家相关法律法规，遵循诚信公正、公平的原则。

三、管理细则

（一）质量审核

对所有入库的图片和视频进行严格的质量审核，确保素材的清晰度、色彩、构图等符合专业标准。

（二）版权审核

所有图片、视频素材都应该满足版权要求，遵循合法、公正、公平的原则，不得侵犯他人的知识产权。对于有版权争议的素材，应该进行严格的审查和筛选，确保入库素材的合法性。

（三）分类存储

将图片和视频素材做好分类，标签化存储，标签类别主要包括地市、季节、天气、资源类型等，以便清晰明确地进行检索。同时定期备份以防数据丢失，做好加密保护措施。

（四）素材下发

（1）使用单位提出图片、视频素材库使用申请，并说明具体用途，经过推广中心相关部门审批后，提供图片视频库用户账号。

（2）使用单位须明确图片、视频素材库的使用范围，未经允许不得擅自修改或用于未经授权的商业活动。

四、使用细则

（一）使用规范

（1）素材库所有图片、视频素材使用须经推广中心相关部门审批，通过授权下载使用，不得通过截屏、录屏等操作私自使用。

（2）禁止对图片和视频进行任何不当修改，确保原作品的完整性。

（3）对于重要的素材使用，须进行可追溯管理，记录使用情况和使用者，确保素材的安全和合法使用。

（4）建立素材使用记录，包括使用日期、用途和使用者等信息，便于查询和追溯。

（二）授权使用

（1）授权使用的素材不得进行出售、转让或再授权给其他第三方。

（2）不得将图片、视频等素材用于侵犯他人知识产权、商标权、名誉权等权益的行为。

（三）惩罚措施

对违反使用规范、擅自使用资源的行为进行处罚，情节严重者追究法律责任；对资源管理和使用中的失职行为进行相应的处理。

五、附则

（一）本制度自发布之日起施行，由推广中心负责解释和修订。

（二）在制度实施过程中，发现任何问题和不足，应及时报告并改进。

（三）通过实施以上制度，可以有效管理和推广文化和旅游图片视频库的资源，推动文化和旅游事业的发展。

附件二　文化和旅游图片视频库规范

1. 范围

本文件规定了文化和旅游图片视频库分类的依据和对象、文化和旅游图片视频库描述的依据、对象、格式和要求。

本文件适用于文化和旅游图片视频数据库的建设和管理。

2. 规范性引用文件

下列文件中的内容通过文中的规范性引用而构成本文件必不可少的条款。其中，标注日期的引用文件，仅该日期对应的版本适用于本文件；不注日期的引用文件，其最新版本（包括所有的修改单）适用于本文件。

GB/T 10114　县级以下行政区划代码编制规则

GB/T 14308　旅游饭店星级的划分与评定

GB/T 17775　旅游区（点）质量等级的划分与评定

GB/T 18972　旅游资源分类、调查与评价

3. 术语和定义

下列术语和定义适用于本文件。

3.1 文化和旅游图片视频库　cultural and tourism photo and video library

文化和旅游图片视频库是指在文化和旅游领域中，用于存储和展示图片和视频资源的平台，包括相关的元数据和索引信息。

3.2 元数据　metadata

关于图片和视频文件的描述信息，如文件名、创建时间、作者、拍摄设备等。

3.3 索引信息 index information

用于快速查找和检索图片和视频文件相关信息,如分类、标签等。

4. 文化和旅游图片视频库分类

4.1 分类依据

依据所属行政区划、旅游要素类型、资源类型、景区等级、酒店等级、地貌、季节、版权进行分类。

4.2 分类对象

分类对象包括旅游信息资源中的图片和视频。

5. 文化和旅游图片视频库描述

5.1 描述依据

将文化和旅游相关图片视频最稳定的本质属性或特征作为描述的主要内容。

5.2 描述格式

描述格式包含描述属性、约束、数据类型及说明,信息描述格式示例见表1。

表1 信息描述格式

序号	描述属性	约束	数据类型	说明
1	中文名称	是	文本类型	属性的标识,一般使用名词表达,通常名称都能反映出属性的特征
2	英文名称	否	文本类型	属性的英文全称

5.3 描述要求

5.3.1 描述文化和旅游图片视频对象时,应按照附录A进行描述。

5.3.2 在实际应用中,可以修改描述属性的名称,也可以根据需要对描述属性进行合并、拆分或扩展,形成信息资源的专有属性。

5.3.3 约束是用以明确在描述文化和旅游图片视频时,此描述属性是否必须具备。如果约束性为"是",表示此描述属性必须具备;如果约束性为"否",表示此描述属性非必须具备。建议全部采用以提高信息丰富度。

附录 A
（规范性附录）
文化和旅游图片视频库描述

A.1 图片资源基础信息

图片资源基础信息描述见表 A.1。

表 A.1 图片资源基础信息描述

序号	描述项目	约束	数据类型	说明
1	标题	是	文本	图片的中文全称
2	标识代码	是	文本	图片的唯一标识符
3	文件类型	是	文本	图片的原始文件类型
4	文件大小	是	文本	图片的原始文件大小
5	所属行政区划	是	文本	图片的所属行政区划。参照表 C.1
6	所属要素类型	是	文本	图片的所属要素类型。参照表 C.2
7	所属资源类型	是	文本	图片的所属资源类型。参照表 C.3
8	景区等级	否	文本	图片所涉及景区等级。参照表 C.4
9	酒店等级	否	文本	图片所涉及酒店等级。参照表 C.5
10	地貌类型	否	文本	图片所涉及地貌类型。参照表 C.6
11	季节	否	文本	图片拍摄时季节。参照表 C.7
12	版权	否	文本	图片所属版权
13	作者	否	文本	图片的作者
14	描述	否	文本	图片的描述
15	来源	否	文本	图片的来源
16	拍摄时间	否	文本	图片的拍摄时间
17	标签	否	集合	图片标签
18	图片元数据	否	集合	参照表 A.2

A.2 图片元数据

图片元数据描述见表 A.2。

表 A.2 图片元数据描述

序号	描述项目	约束	数据类型	说明
1	宽度	是	文本	图片的宽度
2	高度	是	文本	图片的高度
3	快门速度	是	文本	图片拍摄时的快门速度
4	F 值	是	文本	图片拍摄时的光圈大小
5	ISO	是	文字	图片拍摄时 ISO
6	曝光模式	是	文本	图片拍摄时曝光模式
7	焦距	是	文本	图片拍摄时的焦距
8	曝光设定	是	文本	图片拍摄时曝光设定
9	白平衡	是	文本	图片拍摄时白平衡
10	测光模式	是	文本	图片拍摄时测光模式
11	对比度	是	文本	图片拍摄时对比度
12	饱和度	是	文本	图片拍摄时饱和度
13	清晰度	是	文本	图片拍摄时清晰度
14	相机厂商	是	文本	图片拍摄时相机厂商
15	相机型号	是	文本	图片拍摄时相机型号
16	拍摄时间	是	文本	图片拍摄时拍摄时间
17	方向	是	文本	图片拍摄时方向
18	分辨率	是	文本	图片拍摄时分辨率
19	经度	是	文本	图片拍摄时经度
20	纬度	是	文本	图片拍摄时纬度
21	海拔	是	文本	图片拍摄时海拔

附录 B
（规范性附录）

B.1 视频资源基础信息

视频资源基础信息描述见表 B.1。

B.1 视频资源基础信息描述

序号	描述项目	约束	数据类型	说明
1	标题	是	文本	视频的中文全称
2	标识代码	是	文本	视频的唯一标识符
3	文件类型	是	文本	视频的原始文件类型
4	文件大小	是	文本	视频的原始文件大小
5	所属行政区划	是	文本	视频的所属行政区划。参照表 C.1
6	所属要素类型	是	文本	视频的所属要素类型。参照表 C.2
7	所属资源类型	是	文本	视频的所属资源类型。参照表 C.3
8	景区等级	否	文本	视频所涉及景区等级。参照表 C.4
9	酒店等级	否	文本	视频所涉及酒店等级。参照表 C.5
10	地貌类型	否	文本	视频所涉及地貌类型。参照表 C.6
11	季节	否	文本	视频拍摄时季节。参照表 C.7
12	版权	否	文本	视频所属版权
13	作者	否	文本	视频的作者
14	描述	否	文本	视频的描述
15	来源	否	文本	视频的来源
16	拍摄时间	否	文本	视频的拍摄时间
17	标签	否	集合	视频标签
18	视频元数据	否	集合	参照表 B.2

B.2 视频元数据

视频元数据描述见表 B.2。

B.2 视频元数据描述

序号	描述项目	约束	数据类型	说明
1	宽度	是	文本	视频的宽度
2	高度	是	文本	视频的高度
3	fps	是	文字	视频拍摄时的 fps
4	时长	是	文本	视频拍摄时的时长
5	比特率	是	文本	视频拍摄时的比特率

附录 C
（规范性附录）

C.1 所属行政区划

行政区划描述见表 C.1。

C.1 行政区划描述

序号	描述项目	约束	数据类型	说明
1	中文名称	是	文本	行政区划的中文全称 济南市　370100 青岛市　370200 淄博市　370300 枣庄市　370400 东营市　370500 烟台市　370600 潍坊市　370700 济宁市　370800 泰安市　370900 威海市　371000 日照市　371100 莱芜市　371200 临沂市　371300 德州市　371400 聊城市　371500 滨州市　371600 菏泽市　371700
2	英文名称	是	文本	行政区划的英文全称
3	中文简称	是	文字	行政区划的中文简称
4	行政区划代码	是	文本	行政区划的唯一标识符

C.2 要素类型

要素类型描述见表 C.2。

C.2 要素类型描述

序号	描述项目	约束	数据类型	说明
1	中文名称	是	文本	要素类型的中文全称 吃 住 行 游 购 娱
2	英文名称	是	文本	要素类型的英文全称
3	中文简称	是	文字	要素类型的中文简称
4	标识代码	是	文本	要素类型的唯一标识符

C.3 资源类型

资源类型描述见表 C.3。

C.3 资源类型描述

序号	描述项目	约束	数据类型	说明
1	中文名称	是	文本	资源类型的中文全称 美食 非遗 红色 酒店 民宿 民俗 研学 节庆 会议 温泉 活动 康养 剧场 演艺 博物馆 乡村 海岛

续表

序号	描述项目	约束	数据类型	说明
1	中文名称	是	文本	工业 游轮 文创 旅游 商圈 图书馆 美术馆 纪念品 文创产业园 主题小镇 低空飞行 主题产品 旅游商品
2	英文名称	是	文本	资源类型的英文全称
3	中文简称	是	文字	资源类型的中文简称
4	标识代码	是	文本	资源类型的唯一标识符

C.4 景区等级

景区等级描述见表 C.4。

C.4 景区等级描述

序号	描述项目	约束	数据类型	说明
1	中文名称	是	文本	景区等级的中文全称。AAAAA级旅游区（点）、AAAA级旅游区（点）、AAA级旅游区（点）、AA级旅游区（点）、A级旅游区（点）；非A级旅游区（点）；根据GB/T 17775确定
2	英文名称	是	文本	景区等级的英文全称
3	中文简称	是	文字	景区等级的中文简称
4	标识代码	是	文本	景区等级的唯一标识符

C.5 酒店等级

酒店等级描述见表 C.5。

C.5 酒店等级描述

序号	描述项目	约束	数据类型	说明
1	中文名称	是	文本	酒店等级的中文全称。一星级、二星级、三星级、四星级、五星级。根据 GB/T 14308 确定
2	英文名称	是	文本	酒店等级的英文全称
3	中文简称	是	文字	酒店等级的中文简称
4	标识代码	是	文本	酒店等级的唯一标识符

C.6 地貌类型

地貌类型描述见表 C.6。

C.6 地貌类型描述

序号	描述项目	约束	数据类型	说明
1	中文名称	是	文本	地貌类型的中文全称 山 河 湖泊 海 泉水 森林 江 丘陵 岛屿
2	英文名称	是	文本	地貌类型的英文全称
3	中文简称	是	文字	地貌类型的中文简称
4	标识代码	是	文本	地貌类型的唯一标识符

C.7 季节

季节描述见表 C.7。

C.7 季节描述

序号	描述项目	约束	数据类型	说明
1	中文名称	是	文本	季节的中文全称 春 夏 秋 冬

续表

序号	描述项目	约束	数据类型	说明
2	英文名称	是	文本	季节的英文全称
3	中文简称	是	文字	季节的中文简称
4	标识代码	是	文本	季节的唯一标识符